A FIGURA DA VIRGEM MARIA

nas conferências gerais do episcopado da América Latina e Caribe

LINA BOFF

A FIGURA DA VIRGEM MARIA

nas conferências gerais do episcopado da América Latina e Caribe

AVE MARIA
ACADEMIA MARIAL APARECIDA

EDITORA SANTUÁRIO

Dados Internacionais de Catalogação na Publicação (CIP) de acordo com ISBD

B673v Boff, Lina

A figura da Virgem Maria nas conferências gerais do episcopado da América Latina e Caribe.
Lina Boff. - Aparecida : Editora Santuário, 2022.

160 p. ; 14cm x 21cm.

Inclui índice e bibliografia.
ISBN: 978-65-5527-211-6

1. Religião. 2. Cristianismo. 3. Virgem Maria. I. Título.

2022-1783 CDD 240
CDU 24

Elaborado por Odilio Hilario Moreira Junior- CRB-8/9949

Índice para catálogo sistemático:
1. Religião : Cristianismo 240
2. Religião : Cristianismo 24

1ª impressão

Rua Pe. Claro Monteiro, 342 – 12570-000 – Aparecida-SP
Tel.: 12 3104-2000 – Televendas: 0800 - 0 16 00 04
www.editorasantuario.com.br
vendas@editorasantuario.com.br

Prefácio

A presença silenciosa e, ao mesmo tempo, mobilizadora de Maria nos revela uma presença que inspira e desinstala homens e mulheres a entrarem em sintonia com a realidade e suas carências. Conduz à sensibilização com as feridas da humanidade apontadas por seu Filho. Recordar aqui a invocação do *Magnificat* como grito de louvor e clamor clarifica o quanto Maria de Nazaré mobiliza-nos a sair de nosso meio e buscar um horizonte mais amplo: deixar-nos afetar pelo marginalizado e acolher em nossa vida histórica os que estão na "periferia" da sociedade. Assim, significa e encarna a mãe do Salvador, trazendo em seu bojo tantos outros rostos e histórias que se identificam com a mãe do *sim*, da coragem, do silêncio que perseverou *juntamente com* seu Filho, embarcou na história da humanidade para transformá-la para sempre, gestando em seu seio o amor.

Em tempos de tanta violência contra as mulheres – e não somente, mas violência contra toda uma gama fragilizada da sociedade, como crianças, idosos, negros, índios, população de rua, os mais pobres, dentre outros – escrever um livro sobre Maria é realmente desafiador, corajoso e profético.

A pergunta que fazemos é como, justamente em tempos de tanto empoderamento da mulher e, paradoxalmente, tanta violência, falar de Maria de modo que ressoe na contemporaneidade? Como compreender essa mulher, a mais venerada no mundo... o que diz ela para homens e mulheres na atualidade, dentro e fora da Igreja? Como a autora recorda: *"As mulheres dos nossos dias são aquelas que lutam do lado do povo e não se conformam com a situação que estão vivendo. Nesse sentido, elas se inspiram tanto na Maria histórica dos evangelhos, como também na Maria da fé criada pela simbólica popular".*

Ao apresentar a mulher Maria e seus desafios posteriores em uma cultura patriarcal, desvela-se a passagem de uma Maria submissa a uma mulher forte e atenta à voz dos seus e dos tempos, ou seja, a voz de Deus, desembocando na mulher discípula e missionária.

A história pouco tem de Maria de Nazaré, o que se conhece é pelos documentos de fé – e que são breves em suas exposições. Os evangelhos a mencionam cada um a seu interesse, João é que apresenta um maior destaque em sua reflexão teológica. Há que se considerar que o mundo em que Maria vivia era judaico e estava sob o domínio romano, e ela não era um rabino e nem escreveu algum livro bíblico. Contudo, sua voz teológica deu à Igreja o hino de louvor e clamor mais entoado na humanidade. O contraste entre a pouca aparição dela nos escritos bíblicos e o interesse persistente e devocional é notório, simbólico e motivo de muita reflexão. A presença de Maria na tradição cristã rompeu o silêncio anterior posto e tornou-se fundamental para a espiritualidade cristã.

A inspirada escolha da autora de passar pelos documentos históricos, em que faz um profundo mergulho nos estudos realizados, aponta significativamente a importância de todo o contexto que despertou seus estudos. Desde a *Lumen Gentium* até Aparecida, empreendendo um caminho dentre os anos de 1965 até 2007, são 42 anos de reflexões, não sem antes apresentar o percurso bíblico com suas ausências e presenças, desenhando o espaço fecundo para se abrir a uma mariologia contemporânea. Como Lina Boff cita em sua obra: *"Atendendo sempre às linhas do ensino conciliar (LG n. 66-69), deve-se ter presente algumas orientações, de ordem bíblica, litúrgica, ecumênica e antropológica, para tornar mais vivo e mais sentido o vínculo que nos une à mãe de Cristo e mãe nossa, na Comunhão dos santos e das santas (MC n. 29)*". Apresentar, então, Maria na tradição da Igreja permite apoiar a devoção em uma base sustentadamente teológica.

Este livro nos oferece um estudo único para ser utilizado em cursos de Teologia mariana em faculdades, universidades, seminários. E também apropriado para uma leitura livre nas cadeiras universitárias, para os iniciados no tema ou mesmo aqueles que se aprofundam em seus estudos. Essa pesquisa de Lina Boff tem uma importância primordial: aqui temos um tratado do que se refere à Mariologia pós-Concílio Vaticano II até nossos dias, em que a autora costura toda a trama com muitas reflexões pertinentes nos tempos atuais.

Um dos sinais dos tempos que anima, imagino, muitas pessoas, consiste na produção e edição de obras que iluminam e dão visibilidade a áreas em que até então muito mais homens escreveram do que mulheres. Ao expor e analisar desse modo o significado e a representatividade de Maria na tradição, trazendo-a para nosso tempo, esta obra apresenta-se como parte de um conjunto de discussões realizadas a partir das mulheres, de mulheres, para mulheres, neste caso, a mulher Maria. Ainda que sutilmente continuem apresentando uma Maria subalterna, que justifica a dominação masculina, estes têm sido tempos em que as mulheres rompem paradigmas e, num movimento libertador, renovam a lembrança viva desta mulher que atua para inspirar a luta pela justiça de Deus para com os marginalizados e oprimidos. Assim, a professora Lina Boff apreendeu este desafio e, como mulher, vem nos presentear com esta obra fruto de muita pesquisa e dedicação.

Foi com Lina Boff que aprendi – nos congressos mariológicos e na leitura de seus livros, por meio de sua presença ativa – que Maria precisa ser apresentada desde um ponto de vista antropológico, de maneira que fale alguma coisa para alguém na atualidade, voz profética e profunda que inspira o tempo presente.

Nesse contexto, ainda de carência, Lina Boff, com rigor em seu método em suas análises, apresenta argumentos sólidos, próprios do espírito livre da doutora e catedrática no assunto. Tenho a alegria e a honra de escrever esse prefácio e contar que desde o momento que me aventurei pelos caminhos mariológicos eu leio as obras de Lina e, se tem uma coisa que ela me ensinou, foi essa atualização mariológica que urge ser realizada.

Assim, finalizo com uma "chamada" de seu livro, que certamente vai nos inspirar o desejo de conhecer essa mariologia contemporânea:

"A mulher de hoje, inspirada pela atitude de Maria e em sua fé e coragem em aderir, plenamente, ao chamado do Pai e seu projeto, acredita num modo novo de viver seu batismo, de testemunhar sua fé e de organizar a comunidade eclesial. A presença de Maria e das outras mulheres no evento Pentecostes criou e continua criando a comunidade do Espírito doado pelo Ressuscitado".

Andréia Cristina Serrato
Professora do curso de Bacharelado em Teologia
pela Pontifícia Universidade Católica do Paraná – campus Curitiba/PUCPR
Doutora em Teologia pela PUCRJ/doutorado sanduíche na UCLy
(Université Catholique de Lyon)

Apresentação da autora

A obra que agora vem a público é uma tentativa de dar o primeiro passo para iniciar um aprofundamento de Maria de Nazaré, para uma teologia que se ocupe com a Nossa Senhora da história da colonização e de nossos dias, isto é, da Mariologia. Destina-se a todas as pessoas devotas, mariólogas e cultoras da Mariologia. O livro tem como transfundo a Teologia Espiritual que irrompe da Mariologia, em cujos Documentos temos interesse e são fundamentais para o conhecimento do culto a Maria, tais como: Maria na *Lumen Gentium* do Vaticano II, em seu capítulo VIII, e os sínodos e as Exortações dos Papas.

Os Documentos não podiam ser outros, senão as cinco Conferências do CELAM, pois nelas se dá a aplicação das orientações vindas do Vaticano II, dos sínodos e dos Papas, com suas Encíclicas e Exortações. A cada dez anos, os bispos dessas Conferências se reúnem para tratar dos aspectos da evangelização de cada país de nosso Continente do Sul e como Maria é apresentada no contexto da evangelização que toca a nós todos.

No fim de cada Conferência, todos os bispos votam e publicam um Documento oficial, no qual encontramos as novas orientações para a evangelização e a presença de Maria nesse processo aberto e direcionado para a formação de discípulos e discípulas missionários, que se encaminham para a construção de uma Igreja em saída para o Reino. Cabe deixar clara a metodologia utilizada na elaboração de cada parte do livro: buscar todos os parágrafos e todas as citações, espalhados em cada Documento, que falam, diretamente, de Maria; conhecer o contexto e os elementos teológicos, eclesiais e culturais de que são portadores, para elaborar comentários, interpretações e práticas pastorais.

Nossa parca contribuição foi extrair, de cada um dos cinco Documentos, a presença de Maria na religiosidade popular, com suas devoções, celebrações e o culto prestado a Nossa Senhora. Essas atitudes do povo, como a súplica, a invocação e a força da fé, são elementos que levam cada um a fazer sua experiência pessoal de Deus, mesmo estando no meio da multidão. Essa experiência se dá, sobretudo, nos santuários marianos, que povoam nosso Brasil. Descoberta e estudo "Para uma mariologia radicada no Brasil".

Porquanto diz respeito à Mãe de Jesus, Filho de Deus, pode-se dizer que todos os Documentos do CELAM dão significativo espaço a sua presença, no contexto da evangelização. O Documento de Puebla dedicou 22 parágrafos continuados em sua Segunda Parte do texto. Para uma melhor compreensão, queremos ainda afirmar que a piedade popular mariana não é privada de riqueza evangélica, todos e todas nós queremos que o povo, ao reconhecer o testemunho de Maria, procure imitá-la e suplicá-la nesse sentido. As pessoas devotas procurarão o contato com a Bíblia, participarão dos sacramentos, da eucaristia e viverão melhor o serviço gratuito e solidário. Esse é um caminho possível para aproveitar o rico potencial de santidade e justiça social que a mística popular tem.

1

Maria no magistério eclesial da *Lumen Gentium* (1965)

Houve um momento histórico

No discurso de conclusão da Terceira Sessão do Concílio Ecumênico Vaticano II, que se deu em 21 de novembro de 1964, Paulo VI falou, claramente, do lugar que teve Maria nas deliberações do Concílio e aludiu ao Capítulo VIII da *Lumen Gentium* com estas palavras: "Justamente, podemos afirmar que a presente Sessão se conclui com um hino incomparável de louvor em honra de Maria. É a primeira vez de fato – e ao dizê-lo se nos enche a alma de profunda comoção – que um Concílio Ecumênico apresenta uma síntese tão vasta da doutrina católica acerca do lugar que Maria Santíssima ocupa no mistério de Cristo e da Igreja"[1].

O lugar que a doutrina mariológica ocupa, no esquema *De Ecclesia,* foi apresentado como documento de trabalho que deu origem ao VIII capítulo da atual Constituição dogmática *Lumen Gentium* – Luz das gentes ou Luz dos povos. Essa doutrina não foi inserida no desenvolvimento da Constituição, como poderia ter sido, mas foi inserida no fim da Constituição dogmática, não como complemento ou parte secundária da Constituição como tal, mas como coroamento e digna conclusão ao importante tema

[1] Versão italiana publicada em L'Osservatore Romano, 22 novembro 1964, n. 272.

de natureza cristológica e eclesiológica, que une, de modo visceral, Maria ao mistério de Cristo conforme o mistério salvífico do Pai[2] ao mistério da Igreja.

A inserção de Maria nesse mistério, como fundamento da história da salvação[3], é considerada e refletida nos Tratados da Teologia Sistemática, à luz da Sagrada Escritura e da Tradição. Acrescenta-se, ainda, que a Sagrada Escritura, interpretada à luz plena de toda a Revelação, da Doutrina dos santos Padres e do magistério eclesial, faz-nos conhecer e penetrar no fulcro de todo o mistério cristológico mariológico[4], que se dá no contexto da encarnação do Verbo.

O Concílio Ecumênico Vaticano II, pela primeira vez na história da Igreja, dedicou a Maria um capítulo inteiro da Constituição da Igreja, *Lumen Gentium*, colocando-o como coroamento da caminhada do povo peregrino que se direciona, na fé, na esperança e no amor, à Casa do Pai, que vive em seu mistério.

Os parágrafos que abrem o capítulo VIII apresentam o contexto que se expressa "na plenitude dos tempos", que envolve toda a ação de Maria de Nazaré ao longo de sua caminhada terrena. Por outro lado, o clima vivido pelo povo hebreu ainda está voltado para a experiência do êxodo, que prolonga a expectação do Messias prometido pelos profetas e aponta para uma libertação que venha realizar a esperança do povo, alimentada por séculos e milênios. Contudo percebe-se e tenta-se viver um tempo novo de abertura e de esperança.

Assim intitula-se o capítulo VIII: "A bem-aventurada Virgem Maria Mãe de Deus no mistério de Cristo e da Igreja", precedido por um Proêmio. Essa palavra vem do grego, prooímion, e quer dizer "canto introdutório". Ele é constituído por três longos parágrafos, que passaremos a comentar e aplicá-los a nossa realidade.

---

[2] BERTETTO, Domenico. La Beata Maria Vergine Madre di Dio nel mistero di Cristo e della Chiesa, p. 937.

[3] FAVALE, A. Genesi della Costituzione, p. 49.52-53.

[4] MEO, Salvatore. Maria nel capitolo VIII della Lumen Gentium, p. 47.

Nesse Proêmio, vem expressa a linha diretriz de todo o capítulo VIII, seu espírito e a projeção de Maria como mulher inserida no mistério de Cristo e da Igreja. Apresentaremos cada parágrafo a ser estudado à luz do contexto da evangelização da Igreja. No parágrafo 52, têm relevância dois pontos que destacamos: "ao chegar a plenitude dos tempos, Deus enviou seu Filho, nascido de mulher"; e o segundo ponto é Maria inserida no mistério de Cristo e da Igreja.

> 52. Querendo Deus, na Sua infinita benignidade e sabedoria, levar a cabo a redenção do mundo, "ao chegar a plenitude dos tempos, enviou Seu Filho, nascido de mulher... a fim de recebermos a filiação adotiva" (Gl 4,4-5). "Por amor de nós, homens, e para nossa salvação, desceu dos céus e encarnou na Virgem Maria, por obra e graça do Espírito Santo". Este divino mistério da salvação se nos revela e continua na Igreja, instituída pelo Senhor, como Seu corpo; nela, os fiéis, aderindo à cabeça que é Cristo, e em comunhão com todos os santos, devem também venerar a memória, "em primeiro lugar, da gloriosa sempre Virgem Maria Mãe do nosso Deus e Senhor Jesus Cristo. (LG n. 52)

Com Maria chega a plenitude dos tempos

Com Maria chega o novo tempo trazido por seu filho Jesus, o Cristo da fé, e com ele, a nova Criação e o tempo da economia da Graça. Maria dá à luz fora da Antiga Aliança, porque traz consigo, por seu SIM, dado na liberdade, o autor da Nova Aliança, que nos ensina e nos leva a interpretar todo o Antigo Testamento, desde o Livro do Êxodo até os últimos profetas. Uma nova luz chega para toda a humanidade. Aquilo que estamos afirmando vem corroborado pelo magistério eclesial, que, em seus pronunciamentos, integra Maria na história da salvação, na exegese e na teologia.

Dentre os vários documentos publicados sobre esse assunto, destacamos a Exortação Apostólica pós-sinodal *Verbum*

Domini, de Bento XVI, que integra a mariologia na teologia[5], como bem afirma o parágrafo 27 da Exortação:

> No nosso tempo, é preciso que os fiéis sejam ajudados a descobrir melhor a ligação entre Maria de Nazaré e a escuta crente da Palavra divina. Exorto também os estudiosos a aprofundarem ainda mais a relação entre *mariologia e teologia da Palavra*. Daí poderá vir grande benefício tanto para a vida espiritual como para os estudos teológicos e bíblicos. De fato, quando a inteligência da fé olha um tema à luz de Maria, coloca-se no centro mais íntimo da verdade cristã. Na realidade, a encarnação do Verbo não pode ser pensada prescindindo da liberdade desta jovem mulher, que, com o seu assentimento, coopera de modo decisivo para a entrada do Eterno no tempo. Ela é a figura da Igreja à escuta da Palavra de Deus que nela se fez carne. Maria é também símbolo da abertura a Deus e aos outros; escuta ativa, que interioriza, assimila, na qual a Palavra se torna forma de vida. (VD n. 27)

O papa Bento XVI dedica a Maria mais dois longos parágrafos que passamos a resumir de um comentário do mariólogo Stefano de Fiores[6], que se tornou notável por sua densa produção mariológica. Aqui apresenta Maria e a Palavra de Deus. Em primeiro lugar, ele busca traçar a teologia da Palavra, da qual extrai elementos para aplicar à teologia sobre Maria, isto é, à Mariologia. Segundo ele, a Palavra de Deus tem por pátria a Trindade, da qual provém e da qual é sustentada e à qual a Palavra retorna. Nesse sentido, cita a Exortação Apostólica em seu parágrafo 7. Esse é o primeiro elemento.

Um segundo âmbito, no qual se expressa a Palavra de Deus, é a criação. No terceiro horizonte, a Palavra de Deus se manifesta nos profetas. No quarto âmbito, é a pregação dos apóstolos sob o mandato do Cristo Ressuscitado. O último contexto em que

[5] BENTO XVI. Verbum Domini, n. 194.

[6] Notável mariólogo, nascido no Sul da Itália, ficou conhecido por suas obras, sobretudo, pela organização de vários Dicionários com verbetes referentes à Mãe de Deus desde a Sagrada Escritura, passando pelos Padres da Patrística e chegando a nossos dias. Percurso em que estuda e articula Maria no magistério eclesial e na vida pastoral do povo, em suas distintas culturas e tradições religiosas de natureza mariana.

se concretiza, de modo admirável, a Palavra de Deus é a Bíblia, escrita pela divina inspiração do Paráclito; lida, proclamada e vivida pela Igreja. Ela é como a alma da teologia (DV n. 27).

Em um dos subtítulos apresentados, o autor fala de duas qualidades da Palavra de Deus: ela é reveladora e eficaz. Para demonstrar essa afirmação, fundamenta-a nos conteúdos essenciais dessa Palavra escrita, a qual se concentra em Jesus Cristo, que se torna exegese do Deus invisível; e a eficácia dessa Palavra é a resposta que o ser humano dá a este diálogo com Deus.

Maria inserida no mistério de Cristo

Com a expressão "mistério de Cristo", entende-se dizer que toda a história da salvação é revelada e, ao mesmo tempo, realizada em Jesus Cristo[7], o enviado do Pai. A palavra mistério é um termo bíblico pouco usado por Jesus Cristo e largamente empregada por Paulo em suas Cartas. Jesus fala do mistério do Reino (cf. Mc 4,11), e Paulo fala do mistério do Pai, que se realiza em seu Filho, o Cristo Jesus.

O termo não significa, simplesmente, uma coisa escondida, ininteligível, obscura para a qual não se tem acesso. Mas indica, antes de tudo, uma realidade transcendente e salvífica. Significa dizer que toda a economia da salvação é revelada e, ao mesmo tempo, realizada pelo Cristo Senhor[8]. Para se

---

[7] BORNKAM, G. Misterion: Il mistero di Cristo, p. 686-716: nas Cartas paulinas e deuteropaulinas, o termo mistério comporta sempre uma estreita relação com o kerygma cristológico: "/.../ nós, porém, pregamos um Messias crucificado /.../" (1Cor 1,23), significa anunciar o mistério de Deus (1Cor 2,1) à comunidade, falar da sabedoria de Deus em mistério (cf. 1Cor 2,7). Cristo é o mistério de Deus (cf. Col 2,2). Ver também os verbetes dos autores: FINKENRATH, G. Mistero. In: Dizionario dei concetti biblici del Nuovo Testamento. Bologna: Dehoniane 1991, p. 1013s; BREUNING, W. Mistero di Dio. In: Lessico di Teologia Sistematica. Brescia: Queriniana, 1990, p. 428s.

[8] MIDALI, M. Il mistero della Chiesa, p.272-273: o mistério de Cristo é o centro do mistério de Deus e abraça toda a história da salvação, cuja manifestação plena se dará no Reino futuro quando Deus, como Comunidade divina, será tudo em todos.

falar do significado da palavra "mistério", afirma-se que o mistério, como tal, não é o limite do conhecimento, mas o ilimitado do conhecimento. Esse conhecimento cordial e racional do mistério não é frio e formal. É carregado de emoção, de significado, de valor, de profundidade. Por isso é um conhecimento do coração que passa pela razão. Quando o coração humano, perpassado de fé, abre-se ao mistério, produz uma experiência interior cheia de comoção[9]. Essa experiência feita na fé é um dado originário e irredutível de encontro com Deus enquanto Comunidade divina e relacionada com toda a criação.

Paulo afirma que pregar o Messias crucificado (1Cor 1,23) é anunciar o mistério de Deus (1Cor 2,1), é falar da sabedoria de Deus em mistério (1Cor 1,24). É essa sabedoria (sofia) que vence a obscuridade da antítese criada entre a expectativa humana da pregação da cruz e da realização suprema dessa expectativa, que nasce da pregação. Donde: o que é "escândalo para os judeus e loucura para os pagãos" (1Cor 1,23) torna-se revelação do verdadeiro mistério de Deus para as pessoas e para a comunidade que recebe o dom do Espírito de Deus na sabedoria de Deus, que, por sua vez, designa o plano salvífico levado a cumprimento em Jesus Cristo (1Cor 1,24), o crucificado.

O mistério de Cristo, portanto, pode ser conhecido por nós e aceito em sua transcendência, como em sua profundidade, suas riquezas e sua glória (1Cor 1,25-27). Deus Pai quis dar-nos a conhecer mais de perto a dimensão ainda não revelada, ainda não desvelada de seu mistério, mas que pode ser por nós penetrada e vivida. Parte da estrutura intrínseca do mistério pode permanecer vedada a nós, não por uma interior obscuridade do próprio mistério divino em Jesus Cristo, mas, antes, por uma limitação

[9] SCHREIBER, B. Il mistero, p. 366-369; ver também: BOFF, L. O despertar da águia. O diabólico e o simbólico na construção da realidade, p. 34.

nossa, seja intrínseca, seja extrínseca, como também limitação de nosso poder cognoscitivo, enquanto capacidade de penetrar na sabedoria divina, que se apresenta a nós em mistério (1Cor 2,7).

Pessoas que somos, arraigadas e fundadas no amor, temos a capacidade de compreender o desígnio de Deus Pai em seu Filho Jesus (Ef 3,17-18) e termos assim acesso, pelo Espírito, à plenitude do entendimento, ao mistério de Deus, que é Cristo, no qual estão escondidos todos os tesouros da sabedoria e da ciência (Cl 2,2-3). O mistério de Cristo é o mistério de Deus[10], porque o mistério do Filho contém toda a plenitude do mistério do Pai (Cl 2,2s). O mistério de Cristo não é por si mesmo revelação, mas objeto da revelação. Essa descobre o mistério como tal[11], descobre-o em sua essência mais íntima e em seu significado mais profundo para nossa experiência de fé.

O mistério de Cristo, portanto, não se desvela em si mesmo, mas é tornado conhecido por Deus, enquanto Comunidade divina, às pessoas abertas à fé por um livre dom de graça, em um tempo por Deus mesmo escolhido e determinado. Tal mistério se torna conhecido a quantos Deus escolhe e por obra daquelas pessoas que têm a graça de revelar tal mistério, isto é, as pessoas que são chamadas a essa missão e respondem de coração aberto. Em princípio, são todas as pessoas batizadas. Paulo assim escreve, para nos introduzir no mistério de Cristo. Veja-se a citação extraída da Carta aos Romanos:

> Glória seja À*quele que tem o poder de vos confirmar, segundo o Evangelho que eu anuncio, pregando Jesus Cristo, segundo a revelação de um mistério guardado no silêncio durante tempos eternos, mas agora manifestado e levado*

---

[10] BREUNING, W. O Mistero di Dio, p. 428-429.

[11] G. Bornkam, à página 696, que complementa seu conceito citando: Ef 1,9 que diz: "Ele (Deus) nos fez conhecer o mistério de sua vontade /.../", referindo-se ao desígnio de Deus, outrora escondido a todas as raças e nações, mas agora revelado com a ressurreição de Cristo e a maneira com que Deus conduz a história a sua consumação.

ao conhecimento de todos os povos pagãos por escritos proféticos, segundo a ordem do Deus eterno, para os conduzir à obediência da fé. A Deus, o único sábio, seja dada glória, por Jesus Cristo, pelos séculos dos séculos! Amém. (Rm 16,25-27)

O evento da revelação do mistério de Deus em Jesus Cristo não implica somente um evento subtraído às leis de nosso cotidiano, mas apresenta sinais exteriores muito concretos pelos quais se reconhece que tal evento já se está verificando no meio de nós[12]: o segredo antigo de Deus se realiza, plenamente, em Jesus, o Cristo da glória. Nesse sentido, o significado da palavra "mistério" não constitui um enigma que, decifrado, desaparece. Mistério é a profundidade cordial de cada realidade que, conhecida, nos desafia a conhecer mais. É uma realidade que permanece sempre em mistério, em todo o conhecimento[13] e em toda a experiência que se dá na fé.

Finalmente, como coroamento do que se acaba de expor, pode-se afirmar o seguinte: o conteúdo profundo do mistério de Cristo como pessoa humana foi experimentado por Maria, mãe de Cristo, que viveu, profundamente, esse mistério. Sua cooperação, "cuja função materna se dilatou, vindo a assumir, no Calvário, dimensões universais", é concluída com a materna presença no Cenáculo, junto aos apóstolos, no dia de Pentecostes.

Maria no mistério da Igreja

O parágrafo 53 quer explicar as razões da especial posição que Maria ocupa no culto e a veneração que os fiéis

[12] BORNKAM, G. *Misterion: Il mistero di Cristo*, p. 695. Nesse mistério uma realidade celeste irrompe no âmbito do velho éon: o Cristo da glória.

[13] BOFF, L. *O despertar da águia*, p. 34, que cita: GUITTON, J., *Deus e a ciência*. Rio de Janeiro: Nova Fronteira, 1992; MESLIN, M. *A experiência humana do divino*. Petrópolis: Vozes, 1990.

dedicam a ela na Igreja. Estamos diante da missão que Maria tem pelos dons que recebeu como mãe de Deus, dos quais falaremos de alguns. Antes de tudo, acreditamos que, na Anunciação, Maria acolheu no coração e no corpo o Verbo de Deus. Esse ensinamento alude aos Padres da Igreja, como Santo Agostinho, que afirma: "concebeu naquele que deu à luz acreditando". De fato, comentando as palavras de Jesus: "Bem-aventurados, antes, aqueles que acolhem as palavras de Deus e as põem em prática" (Lc 11,28), Agostinho afirma: "Maria é mais bem-aventurada recebendo a fé de Cristo, que recebendo a carne de Cristo".

Essa afirmação é retomada de São Leão Magno, que ensina: "Vem eleita uma Virgem real da estirpe de Davi, a qual, devendo ser grávida por feto sagrado, concebe a divina e humana prole, antes com a mente que com o corpo"[14]. Dentro dessa concepção, é claro o objeto da fé de Maria junto aos Padres e à teologia medieval: esse objeto é o mesmo da maternidade divina, ou seja, o Verbo Encarnado.

A seguir, temos as relações de Maria com as Três divinas Pessoas. Com o Filho tem uma relação de dependência enquanto redimida em vista dos méritos de seu filho, a modo de redenção preventiva. Consequentemente, Maria é chamada "filha predileta do Pai" e vive como filha adotiva e goza das complacências paternas. Em ordem ao Espírito Santo, Maria é reconhecida como templo, sendo inabitada pelo Espírito santificador como nós. O Concílio não usa a expressão "Esposa do Espírito Santo", a qual poderia deixar falsamente entender que o Espírito Santo seja o Pai do Verbo Encarnado.

[14] S. LEÃO MAGNO. Sermo 21, c. 1; PL 54, 191.

O mesmo parágrafo fala que Maria é unida e solidária com a estirpe humana de Adão e Eva, com todos os homens e todas as mulheres que necessitam de salvação (LG n. 53). A relação que Maria mantém com a Igreja, como Corpo Místico de Cristo, começa na encarnação; continua na vida e na obra de Jesus; completa-se com a ressurreição como resposta ao mistério da cruz salvadora; derrama-se no dia de Pentecostes (At 2); e plenifica-se com sua assunção gloriosa ao céu. Cabe evidenciar, aqui, uma diferença: na encarnação, o Espírito desce em Maria, enquanto no dia de Pentecostes, o Espírito é derramado sobre toda carne (At 2,17; Jl 3,1-5).

A inserção de Maria no mistério da Igreja tem sua origem em Deus Pai (Cl 2,2-3) e consiste em que Jesus Cristo revele a todas as pessoas, pelo Espírito, a chegada do Reino de Deus. Esse Reino é, essencialmente, a salvação de todas as pessoas, sem distinção de etnia e de nação. Maria colabora com esse projeto da Comunidade divina.

Por isso afirmamos: Maria como mãe do Messias não é, para a Comunidade divina, simplesmente, uma mulher que tem uma função, mas, antes de tudo, é uma pessoa, e é como pessoa que participa do mistério da Igreja[15]. O mesmo se dá com todos os batizados e todas as batizadas, pela fé e pelo conhecimento.

Para concluir o aprofundamento feito, podemos resumir os vários desdobramentos apresentados, nesta reflexão, da seguinte forma: a perspectiva da história da salvação é a perspectiva teológica aberta a todos os tratados da sistemática que se dá na atual Mariologia. Ela abrange a livre vontade salvífica da Comunidade divina, que afirma ser Maria membro da Igreja. Nesse sentido, Maria é o tipo e modelo de Igreja que vive a caridade como seguidora fiel de seu filho, precedendo-nos nesse caminho.

---

[15] CANTALAMESSA, R. Maria. Um espelho para a Igreja, p. 163-164.

53. Efetivamente, a Virgem Maria, que na anunciação do Anjo recebeu o Verbo no coração e no seio e deu ao mundo a Vida, é reconhecida e honrada como verdadeira Mãe de Deus Redentor. Remida dum modo mais sublime, em atenção aos méritos de seu Filho e unida a Ele por um vínculo estreito e indissolúvel, foi enriquecida com a excelsa missão e dignidade de Mãe de Deus Filho; é, por isso, filha predileta do Pai e templo do Espírito Santo, e, por este insigne dom da graça, leva vantagem a todas as demais criaturas do céu e da terra. Está, porém, associada, na descendência de Adão, a todos os homens necessitados de salvação; melhor, "é, verdadeiramente, Mãe dos membros de Cristo..., porque cooperou com seu amor para que na Igreja nascessem os fiéis, membros daquela cabeça". É por esta razão saudada como membro eminente e inteiramente singular da Igreja, seu tipo e exemplar perfeitíssimo na fé e na caridade; e a Igreja católica, ensinada pelo Espírito Santo, consagra-lhe, como a mãe amantíssima, filial afeto de piedade. (LG n. 53)

A intenção do Concílio

Nesse último parágrafo 54 do Proêmio, entende-se a intenção do Concílio Ecumênico Vaticano II em ordem à doutrina e à piedade mariana. O Concílio entende, primeiramente, explicar atentamente a função de Maria no mistério do Verbo encarnado e do Corpo Místico. Segundo, explicar os deveres dos homens e das mulheres redimidos em relação à mãe de Cristo e da humanidade. Tem o cuidado de explicitar que o Concílio não entende propor uma doutrina exaustiva sobre Maria nesse capítulo da LG, como também não pretende levantar questões mariológicas que não sejam, ainda, plenamente aprofundadas pela teologia.

Deixa às faculdades, aos institutos e às escolas de teologia a liberdade de propor o estudo e aprofundamento acerca da missão de Maria na história da salvação. Alguns acenos doutrinários são relevantes e deverão ser levados em consideração, porque enriquecem o plano doutrinal mariano apresentado pelo Concílio.

O primeiro ponto da doutrina sobre Maria trata do seguinte: o Concílio ensina que, na Igreja, o Redentor opera a salvação. Dessa afirmação se coloca em destaque a conexão vital de Maria com o mistério da salvação sobrenatural operada pelo Salvador, que destruiu o pecado e restituiu a vida da adoção divina e que continua tal obra na Igreja.

O segundo ponto doutrinal é este: o Concílio afirma que Maria é mãe de Deus, mãe de Cristo e mãe da humanidade, especialmente, dos fiéis. Deve-se notar a repetição: mãe de Cristo e mãe da humanidade, porque entende sublinhar não se tratar da mesma maternidade: Maria é, de fato, mãe física, biológica a respeito de Jesus Cristo; mãe espiritual a respeito dos homens e das mulheres, a quem a todos Cristo deu vida e redenção; é, todavia, mãe dos fiéis de modo especial, que participam, de fato, dos tesouros sobrenaturais da vida divina.

Por último, o Concílio acrescenta outro ponto relevante acerca do lugar de Maria na Igreja, afirmando, segundo o ensinamento de Paulo VI, que Maria, na Igreja Santa, ocupa, depois de Cristo, o lugar mais alto e o mais próximo a nós.

Para tornar compreensível e fiel à interpretação dos teólogos que assessoraram os padres do Concílio, tomamos um deles, que é o cultor e mariólogo Domenico Bertetto, organizador da Coleção *Magistero Conciliare*, citada ao longo deste estudo.

> 54. Por isso, o sagrado Concílio, ao expor a doutrina acerca da Igreja, na qual o divino Redentor realiza a salvação, pretende esclarecer, cuidadosamente, não só o papel da Virgem Santíssima no mistério do Verbo encarnado e do Corpo místico, mas também os deveres dos homens resgatados para com a Mãe de Deus, Mãe de Cristo e Mãe dos homens, sobretudo dos fiéis. Não tem, contudo, intenção de propor toda a doutrina acerca de Maria, nem de dirimir as questões ainda não totalmente esclarecidas pelos teólogos. Conservam, por isso, os seus direitos as opiniões que nas escolas católicas livremente se propõem acerca daquela que na santa Igreja ocupa depois de Cristo o lugar mais elevado e também o mais próximo de nós. (LG n. 54)

Maria na história da salvação

No Antigo Testamento

O parágrafo 55 faz várias alusões a Maria de Nazaré na linhagem das mulheres do Antigo Testamento como de toda a humanidade. Poucas pessoas que estudam a Sagrada Escritura escrevem sobre Maria de Nazaré a partir do Antigo Testamento. Começam sempre pelo Novo Testamento, como que esquecendo a origem primeira dessa santa mulher, a que o Vaticano II faz várias alusões como filha do Antigo Testamento.

A *Lumen Gentium*, por duas vezes, afirma que Maria é sacrário do Espírito Santo. Não só, mas esse parágrafo descreve a história da salvação e o lugar que Maria ocupa na História em que prepara a vinda de Cristo. Acerca do Antigo Testamento, Santo Agostinho afirma que nele se esconde o Novo Testamento, e no Novo vem manifestado, abertamente, aquilo que é preanunciado no Antigo (cf. PL 34, 623).

A pedagogia divina nos apresenta a encarnação do Filho de Deus dentro de um plano harmônico, que vai do Gênesis ao Apocalipse, começando por Jesus Cristo como protagonista. Esse plano encontra seu cumprimento na obra da redenção até a paixão, morte e ressurreição de Jesus Cristo e sua aplicação à humanidade, mediante a obra materna da Igreja, sinal de Jesus Cristo, que continua visível no mundo, até seu retorno no fim dos tempos. Nessa luz, a figura da mãe do Redentor se torna cada vez mais compreensível e clara.

O Concílio acrescenta quatro pontos da Sagrada Escritura da presença de Maria no anúncio profético da história da salvação, feito por Deus no Antigo Testamento.

Maria no Protoevangelho

Antes de tudo, Maria é profeticamente nomeada no chamado Protoevangelho, ou seja, no primeiro e alegre anúncio da salvação e na promessa feita a nossos primeiros pais caídos em pecado, acerca da vitória sobre a serpente. "Porei hostilidade entre ti e a mulher, entre a tua linhagem e a linhagem dela. Ela te esmagará a cabeça e tu lhe ferirás o calcanhar" (Gn 3,15). Esse é sentido literal do texto, e o Concílio não se detém em maiores explicações a respeito, sobretudo, em sua procedência exegética e interpretativa. Afirma, porém, categoricamente, que Maria já é profetizada em tal oráculo. Deus mesmo, em tais palavras, acena a Maria e, portanto, tem como certo o sentido escriturístico mariano do Protoevangelho, que associa a mãe ao Filho de Deus, na luta vitoriosa contra o pecado, representado na serpente[16].

Maria nos profetas

Os profetas preanunciam a Virgem Mãe do Emanuel, que dá à luz o Filho de Deus em Belém. O Concílio cita Isaías 7,14: "O Senhor mesmo vos dará um sinal: Eis que a jovem concebeu e dará à luz um filho e dar-lhe-á o nome de Emanuel".

> **Miqueias** 5,2-3:
> E tu, Belém de Éfrata, pequena entre as tribos de Judá, de ti sairá para mim aquele que governará as tribos de Israel. Suas origens são de tempos antigos, de dias imemoráveis.Por isso, ele os abandonará até o tempo em que a parturiente dará à luz. Então o resto de seus irmãos voltará para os israelitas. Ele se erguerá e apascentará o rebanho pela força de Javé, pela glória do nome de seu Deus. Eles se estabelecerão, pois então ele será grande até os confins da terra.

[16] BERTETTO, D. *La Beata Maria Vergine Madre di Dio nel mistero di Cristo e della Chiesa*, p. 950.

Isaías (citado por Mateus 1,22-23):
Ela dará à luz um filho e tu o chamarás com o nome de Jesus, pois ele salvará o seu povo dos pecados. Tudo isso aconteceu para que se cumprisse o que o Senhor havia dito pelo profeta: "Eis que a virgem conceberá e dará à luz um filho e o chamarão com o nome de Emanuel", o que traduzido significa: "Deus está conosco".

Os padres conciliares não fazem comentários interpretativos sobre essas citações, nem mesmo acenam para questões exegéticas, levantadas pelos estudiosos dos textos do Antigo Testamento, ou mesmo para aquelas que poderiam surgir em seu desenvolvimento. Afirmam, simplesmente, o valor mariano dos textos citados.

Posteriormente, encontramos essa citação em Mateus, que, sob inspiração divina de seu carisma, afirma que a profecia de Isaías é realizada na concepção virginal em que Maria nos deu Jesus Cristo.

Mateus não é o único a pensar que as Escrituras se cumprem em Jesus. O próprio Jesus declara que elas falam dele (Mt 11,4-6), assim como podemos encontrar essa declaração de Jesus em Lucas 4,21 e em João 5,39.

Maria, a excelsa Filha de Sião

A referência aos dois temas "humildes e pobres do Senhor" e "filha de Sião" deve ser tomada em consideração, porque não foi adotada por nenhuma citação escriturística, nem explícita nem implícita. Segundo os estudiosos, "nenhum dos dois vocábulos é acompanhado por uma referência, pelo fato de que ambos formam uma espécie de lugar comum da piedade veterotestamentária".

A "filha de Sião", figura do povo eleito, leva consigo a promessa que se cumprirá na plenitude dos tempos[17]. Essa expressão, porém, encontrou lugar na Constituição Dogmática da LG. Como tema, "filha de Sião" ainda não entrou de modo concreto na reflexão teológica e, por conseguinte, ainda não incidiu de modo adequado no campo da pastoral. Pode-se dizer que está em processo de amadurecimento em vista de sua realização.

O Concílio fez uma opção de grandes consequências ao inserir a bem-aventurada Virgem no mistério de Cristo e da Igreja. A mariologia imprime, assim, certo aspecto peculiar à eclesiologia e desta recebe luz particular, pois a Igreja deve estar aberta ao ecumenismo. Sobre esse recai o significado da "filha de Sião", que reúne todos os dispersos para que sejam "um".

No AT, Deus revela, constantemente, seu aspecto materno para com seu povo. Por isso o AT é dominado pelas grandes figuras das mães de Israel: Sara, Rebeca, Raquel, Tamar, Judite, Mirian, irmã de Moisés, a filha de Sião. São mulheres que deram à luz um povo novo[18]. Lucas (1,35) e João Evangelista (1,14) viram, em Maria, a Arca da Nova Aliança, o lugar da morada final e perfeita de Javé Salvador na Igreja, mediante a encarnação do Verbo no seio virginal de Maria de Nazaré.

Finalmente, o Cântico do Magnificat, colocado por Lucas nos lábios de Maria, evoca o AT em 1Sm 2,1-10 no cântico de Ana, mulher de Elcana, que exulta, com suas palavras de agradecimento, a chegada de seu filho Samuel, futuro servidor do povo de Israel. Maria se encontra nos *anawim* do povo de seu tempo, como para nós, na atual situação em que vivemos há séculos: na esperança da libertação, que vem de Javé, por meio de seu filho Jesus, o Cristo da fé, que passou pela vida pregando o Reino, foi julgado de morte, mas ressuscitou no terceiro dia.

[17] MORI, E. G. Filha de Sião, p. 542.

[18] MORI, E. G. Incidência sobre a mariologia, o ecumenismo e a pastoral, p. 547.

Maria na encarnação

O ponto a ser evidenciado no parágrafo 55 é a importância de enfatizar o primeiro protagonista da salvação, "o Pai das misericórdias", que, com decreto eterno e livre, toma a iniciativa da salvação e decide enviar à humanidade seu Filho Único, como Redentor, e a esse dar uma mãe, escolhida da família humana, para dar ao Verbo da carne e do sangue de sua mãe, Maria de Nazaré. Tal maternidade não é uma função puramente fisiológica apenas, mas é, antes de tudo, fruto de consciente e livre aceitação, por parte de Maria, do projeto do Pai das misericórdias, que quis que a encarnação de seu Filho fosse precedida pelo SIM de Maria[19].

Maria isenta do pecado

Maria, como filha de Adão (e Eva), consente na Palavra de Deus e assim se torna mãe de Jesus. Daí por diante, ela se dedica, totalmente, à causa de seu filho. Por ter dito seu SIM ao Projeto do Pai, Maria aqui refulge para todos nós como aquela que foi concebida sem pecado, porque foi preservada, isenta do mal. Maria vai crescendo na fé, na santidade e entrando, intimamente, na história da salvação. Essa é a primeira e mais importante cooperação de Maria, cujo ícone claro e evidente é a comunidade de fé que ela une e reúne em torno de seu filho, o Cristo da fé. Nesse sentido, ela se torna para nós mãe na ordem da graça, porque em toda a história da salvação Maria está presente com sua cooperação – que continua se estendendo na quase trimilenária missão apostólica da Igreja. Houve um momento histórico da teologia que levou a sério a fé dos fiéis com relação a invocar Maria como a imaculada, a santa isenta de pecado.

---

[19] BERTETTO, D. La Beata Maria Vergine Madre di Dio nel mistero di Cristo e della Chiesa, p. 954.

Momento histórico da Imaculada

Todo o trabalho teológico realizado para o desenvolvimento fiel e dinâmico do dogma da Imaculada, como dado revelado, levou o magistério a fazer uma ligação entre os elementos da revelação divina com a intuição e a prática popular que se expressavam por meio da experiência de fé inspirada em Maria, acolhida e passada de geração em geração. É aqui que aparecem os primeiros sinais de uma teologia que se faz não só com base direta na Sagrada Escritura, mas também por meio da fé, que passa pela cultura, pelos costumes, pelas tradições populares – em uma palavra, uma teologia que tende a ser contextualizada e que leva em consideração a experiência de fé do ser humano com seu *ethos*.

Mais tarde, vamos chamar esse processo evolutivo de protologia, que é o estudo feito das primeiras, da origem do cosmo e dos seres humanos. Dessa experiência, o povo de Israel chegou à convicção do pecado das origens e também da graça da eleição que o constituiu povo de Deus. O Espírito concede à Igreja a capacidade de penetrar nas coisas do presente, até descobrir suas raízes fontais em vista de seu futuro.

Hoje, a teologia reconhece a unidade existente entre a obra da criação plasmada por Deus e a redenção realizada por Cristo para redimir a criação do mal e toda a humanidade plasmada em Cristo e para Cristo. Maria pertence a essa humanidade criada na inocência e destinada a Cristo. Sua graça original e sua conceição imaculada não a separam do resto da humanidade. Tal graça não é compreendida como privilégio, senão como serviço ao plano redentor do Pai. É uma graça que enraíza Maria no coração da comunidade humana.

Chama-se isso de “graça eminente”, que leva o serviço do mistério da redenção a sua plenitude, graça eminente de santificação em primeiro lugar e não ausência do pecado original, como mancha que marca a alma da pessoa humana[20]. O grande debate da Escolástica foi encontrar um ponto que conciliasse a santificação de Maria com sua necessidade de ser redimida.

Os protagonistas de tal debate foram os dominicanos e os franciscanos. Os primeiros defendem a tese de Tomás de Aquino, que afirma ter sido Maria santificada e não preservada do pecado original. Já os franciscanos defendem a redenção antecipada de Maria, que, para louvor do Filho de Deus, Jesus Cristo, foi preservada, desde sua concepção, do pecado original e acolhida na comunhão originária com Deus, em virtude dos méritos futuros da redenção de Cristo[21].

Em meio às controvérsias, queremos destacar que, depois das dúvidas dos Padres da Igreja, como Tertuliano, Orígenes, Basílio, e dos grandes teólogos dos séculos XII-XIII, Bernardo, Anselmo, Tomás de Aquino, o primeiro teólogo a expor sua teologia sobre a Imaculada é João Duns Escoto (1263 ca.-1308)[22], que nos dá a explicação que segue.

A graça que previne

O argumento do Doctors subtilis coloca em evidência o fato de que a Imaculada Conceição não é uma exceção à redenção de Cristo, como temiam que fosse alguns teólogos, mas sim um exemplo de perfeita e mais eficaz ação salvífica do único mediador, Jesus Cristo.

Recentemente, ainda, cada vez mais, acentua-se a aceitação da teologia de João Duns Escoto, um dos primeiros teólogos a distinguir a graça divina, que previne, e a graça, que cura,

---

[20] DURRWEL, F. X. *Cristo nostra Pasqua*, p. 36.

[21] COURTH, F. *Esenzione dal peccato originale/Concezione immacolata di Maria*, p. 268s.

[22] CASALE, U. *La formula dogmatica di Pio IX e gli sviluppi teologici contemporanei*, p. 172s.

as duas como fruto da ação redentora de Cristo. Em vista da primeira, Maria foi preservada de todo pecado em virtude dos méritos de seu filho, mas não o foi a "pena" do pecado enquanto integra a descendência adâmica. Essa distinção não diz, portanto, que Maria tenha recebido os dons preternaturais, isto é, dons transcendentes a sua condição de criatura, dons atribuídos ao homem na primeira criação, pois a imaculada conceição não é uma graça da criação em Adão, mas da redenção em Cristo[23].

A teologia de Duns Escotto faz uma afirmação a respeito e, ao mesmo tempo, levanta uma questão: "O serviço mais excelente é o de preservar do mal antes que permitir que caia no mal, mesmo que alguém caia e venha depois a ser libertado. Logo, se Cristo mereceu para muitas almas a graça e a glória e para todas essas Cristo é o mediador e o salvador, por que nenhuma alma podia ser-lhe devedora pela sua inocência?"[24]

Bem antes da Escolástica e de suas controvérsias, as primeiras comunidades cristãs já prestavam culto à Virgem Imaculada, e os Padres da Igreja, em suas catequeses, homilias e apologias, pregavam e defendiam o dado da fé revelado que ainda se encontrava em germe. Foi assim que as comunidades cristãs e os Padres da Igreja que as acompanhavam fizeram a história da fé em seu tempo.

O Vaticano II afirma

A primeira afirmação do Vaticano II torna-se um ponto fundamental para toda a teologia feita na perspectiva de Maria,

---

[23] GONZÁLEZ, C. I. *Mariologia. Maria, Madre e Discepola*, p. 209.

[24] ESCOTTO, G. D. *De Immaculata Conceptione B. Virginis Mariae*, q. 1, in: Theologiae Marianae elementa, ed. C. Balic, Kacic, Sibenik (Yugoslavia), 1933, p. 27. Nesse trecho, Duns Escotto distingue de modo convincente, como, por exemplo, Deus não está condicionado pelo tempo para poder agir: e assim todas as obras são suas, antes e depois do pecado, e as faz todas por meio de Cristo. p. 32. Citado por: GONZALEZ *Mariologia. Maria, Madre e Discepola,* p. 210.

porque a coloca como membro da Igreja. Não só, mas supera esta profunda ligação: Maria está colocada na totalidade da história da salvação e do mistério cristão, portanto, no mistério de Cristo, ela está situada e inserida.

A formulação adotada pelo Concílio referente à isenção de Maria do pecado adorna-a, desde o primeiro instante, de sua conceição com esplendores de uma santidade absolutamente singular. Ela é toda santa e imune de pecado. Saudada pelo anjo como *cheia de graça*, é chamada pelos santos padres como toda santa e imune de qualquer mancha do pecado, como que plasmada pelo Espírito Santo e formada qual nova criatura (LG n. 56).

Situada nesse quadro cristológico, os padres conciliares explicitam sua ligação com a Igreja, proclamando-a remida de modo mais sublime em atenção aos méritos de seu filho. Como mãe de Deus, entra em relação com a Trindade: é filha predileta do Pai, sacrário do Espírito Santo pelo qual se tornou mãe do Filho de Deus. Ao mesmo tempo, descende de Adão como todos nós (LG n. 53).

> 55. A Sagrada Escritura do Antigo e Novo Testamento e a venerável Tradição mostram, de modo progressivamente mais claro e como que nos põem diante dos olhos, o papel da Mãe do Salvador na economia da salvação. Os livros do Antigo Testamento descrevem a história da salvação na qual se vai preparando, lentamente, a vinda de Cristo ao mundo. Esses antigos documentos, tais como são lidos na Igreja e interpretados à luz da plena revelação ulterior, vão pondo cada vez mais em evidência a figura duma mulher, a Mãe do Redentor. A esta luz, Maria encontra-se já profeticamente, delineada na promessa da vitória sobre a serpente (cf. Gn 3,15), feita aos primeiros pais caídos no pecado. Ela é, igualmente, a Virgem que conceberá e dará à luz um Filho, cujo nome será Emanuel (cf. Is 7,14; cf. Mq 5,2-3; Mt 1,22-23). É a primeira entre os humildes e pobres do Senhor, que, confiadamente, esperam e recebem a salvação de Deus. Com ela, enfim, excelsa Filha de Sião, passada a longa espera da promessa, cumprem-se os tempos e se inaugura a nova economia da salvação, quando o Filho de Deus dela recebeu a natureza humana, para libertar o homem do pecado com os mistérios da sua vida terrena. (LG n. 55)

Maria no Novo Testamento

O texto conciliar dos parágrafos 56 e 57 nos pareceu bem uni-los, seja em seu comentário, seja em seu conteúdo teológico mariano. Apresenta a extensão e a duração de Maria na obra redentora do filho, que vai do momento da concepção virginal de Jesus no ventre de Maria até o pé da cruz. Esse parágrafo, portanto, indica três momentos da união de Maria com o filho na obra redentora pensada pelo Pai das misericórdias, enviando seu Filho para realizar esse plano.

A mãe do Senhor

Estamos diante do fato da visitação de Maria a Isabel, grávida de João Batista, o Precursor. Nesse encontro, Maria se sente confirmada como mãe do Senhor, ao ouvir o grito de Isabel, que exclama: "Bendita és tu entre as mulheres e bendito o fruto de teu ventre! Donde me vem que a mãe de meu Senhor me visite? Pois, quando tua saudação chegou a meus ouvidos, a criança estremeceu de alegria em meu ventre. Feliz aquela que creu, pois o que lhe foi dito da parte do Senhor será cumprido" (Lc 1,42-45).

O anúncio de Maria de pôr-se a caminho, e pôr-se cum festinatione – festejando, em festa –, rumo à casa de Isabel, provoca o anúncio que a proclama bendita entre as mulheres por ser a mãe do Senhor. O encontro dessas duas mulheres dá início ao anúncio de um novo tempo, uma nova economia da graça salvadora. O sinal é este: as pessoas pobres e oprimidas são libertadas; assumem a dianteira da nova história que começa com o encontro de Deus com a natureza humana na pessoa de Jesus; Jesus chega no meio de seu povo por meio de uma mulher provinda desse mesmo povo[25].

[25] BOFF, Lina. *A misericórdia divina em Maria de Nazaré*, p. 502-506.

No contexto dessa explosão missionária provocada pelo encontro de duas mulheres que anunciam o início de uma nova história para o povo de Israel, Maria permanece com Isabel para dar continuidade à realização do mistério que lhe fora anunciado. A demora faz parte do processo histórico anunciado por ela e por sua prima.

A constância e a fidelidade à missão recebida, mesmo que ainda não esteja bem definida e clara, motiva Maria a continuar em seu propósito de fidelidade à palavra divina e fidelidade à palavra dada, isto é, a de conservar-se na dinâmica do serviço missionário como a serva do Senhor.

É uma cena comovente o encontro dessas duas missionárias, sobretudo, por se dar na igreja doméstica e não no templo onde Zacarias oficiava como sacerdote. A experiência de Deus que as duas fazem não precisa do toque das trombetas nem dos ritos usados nas celebrações do templo. O Deus feito carne vem na invisibilidade para ser testemunhado pelas pessoas pobres e humildes do Senhor, que vivem à sombra do Todo-Poderoso, dispensando os guardiães do templo que viviam dentro de seu empoderamento de mestres da lei. Nesse momento tão importante, é a voz da mulher que ouve a voz da mulher e proclama as maravilhas do Senhor.

Maria é o lugar em que se dá a revelação do mistério da encarnação, e ela se encontra em uma realidade conturbada pela miséria material e espiritual, pela exclusão de tantas pessoas empobrecidas pela ganância dos grandes. Nesse contexto, Maria proclama seu cântico de ação de graças, o Magnificat, no qual se sente confirmada como a mãe do Senhor.

Maria dá à luz

O parágrafo 57 narra o júbilo da mãe do Senhor que se manifesta no dia do nascimento de seu filho. Em tal ambiente de alegria, a mãe oferece o menino aos pastores e une-se ao movimento de entrada e saída das pessoas humildes e pobres que visitam o menino, apresentando-o a todos.

Nesse contexto, o Concílio enfatiza a integridade física e espiritual de Maria antes do parto, no parto e depois do parto, levando em conta as citações patrísticas que fundamentam a Tradição oral e escrita que nos vem na linhagem dos apóstolos. A virgindade perpétua de Maria é o começo da nova humanidade. Essa verdade de fé está, intimamente, vinculada ao dogma da maternidade divina. Maria, aqui, apresenta um rosto diferente na Sagrada Escritura e um percurso próprio na Tradição da Igreja.

Cabe lembrar que é um tema delicado de ser tratado, sobretudo nos tempos de hoje, em que as pessoas, a sociedade, a cultura de um modo geral e quase que de modo exclusivo dão um desmesurado valor ao exercício da sexualidade, o que impede, até certo ponto, vislumbrar algum valor dado à virgindade. Seu conceito vive impregnado do conflito das interpretações mais estranhas e diferentes.

Falar da virgindade perpétua de Maria é o mesmo que se acercar do mistério maior de nossa fé cristã, o mistério da encarnação de Deus. Requer, portanto, todo o respeito, toda a veneração e reverência que o mistério exige, mistério que bebe nos Evangelhos e nos testemunhos de fé, com a assistência do Espírito Santo, que nos é dado pelo próprio Deus.

Os pais e o menino no Templo

O contexto do capítulo 2 de Lucas, no que se refere às citações levadas em conta para esta investigação, apresenta-nos o conjunto dos acontecimentos que trazem uma densidade teológica mariana bastante significativa. “Quanto a Maria, ela retinha todos esses acontecimentos procurando-lhes o sentido” (Lc 2,19). Com José, Maria assume a atitude de “reter em seu coração” o que não compreende. As palavras ditas pelas pessoas presentes no Templo a respeito do menino e todos os fatos dos quais o casal participa tornam-se acontecimentos de revelação para Maria e José. O depositário dessa revelação, trazida por tais fatos, é o casal Maria e José.

Maria ampara com inteligência o sentido profundo dos acontecimentos que perpassam sua memória, seus pensamentos, sentimentos e suas decisões; penetra, intensamente, com a fé, com a esperança e com o amor, as palavras que não compreende e as remete à lembrança do mistério do Pai, do qual Maria teve o anúncio formal na encarnação.

Ao auscultar as palavras de Simeão, homem justo e piedoso, aberto ao Espírito Santo, Maria se sentiu profundamente comprometida. Ao ouvirem a profetisa Ana, que falava do menino a todas as pessoas que estavam no Templo e esperavam a libertação, pai e mãe ficaram admirados. Os dois juntos não conseguiram penetrar todo o mistério do filho por meio das palavras e dos comentários que faziam dele (Lc 2,33.36s).

Quando cumpriram tudo aquilo que a lei de Moisés prescrevia por ocasião do nascimento do primogênito, eles voltaram para sua cidade, Nazaré (Lc 2,39). É por intermédio de seus pais que Jesus se oferece ao Senhor como o Servo que se põe à disposição do projeto salvífico (Rs 10,8s) e como ministro que permanece diante de Deus para ouvir de seu Senhor a sabedoria de bem servir (Lc 1,19s).

A firmeza com que os pais, Maria e José, consagram ao Senhor seu filho no Templo (Ap 11,4) marca o início de uma nova história. Com esse ato, Jesus inaugura o culto espiritual da pessoa que se abandona na fé e se oferece como vítima vivente. Jesus oferece sua vida e sua missão como serviço à justiça, que traz a salvação para todos e para todas, até os confins da terra (At 1,8).

No encontro de Jesus com os doutores

Maria e José se apresentam inseridos na sociedade de seu tempo. Maria, nesse episódio, manifesta a angústia que lhe tomara o coração de mãe, esposa e mulher. Não era uma angústia somente dela, mas era, igualmente, uma angústia que tomara o coração de seu esposo. Ao falar diretamente com Jesus, Maria dirige-se a ele como mãe e mulher casada. Ela estava com José à procura do filho. O evangelista acentua que a preocupação que a leva a interpelar o filho é a preocupação do casal: "(...) o teu pai e eu, nós te procuramos cheios de angústia" (Lc 2,48).

Dessa expressão queremos destacar: primeiro, o artigo determinativo, o teu pai e eu, por meio do qual o evangelista sublinha a participação ativa de José nesse desencontro. Segundo, queremos destacar o pronome pessoal nós, "nós te procuramos", que funciona, nessa expressão, como um pleonasmo, como que mostrando a atuação direta e dinâmica do casal – Maria e José são um casal que partilha a dois a vida e seus contratempos.

Podemos inferir que Maria e José acreditam, mas de forma obscura ainda. Assim se pode deduzir da pessoa de Maria diante da anunciação, em que entra em diálogo com o anjo para esclarecer o que não compreendia no momento. Esse episódio mostra que ela não viveu isso sozinha, mas partilhava com o esposo esses momentos.

Com essa leitura interpretativa, entendemos resgatar a função e o papel do casal na sociedade de cultura e religião hebraicas. Adotamos, por isso, uma aproximação de tipo construtivo, seja para nossos dias, seja para o contexto sociocultural da época. Maria é casada com José e, como todas as outras mulheres do povo, partilha, com o marido, a vida, as preocupações e as angústias.

De tudo o que foi exposto sobre Maria e também a participação de José, seu esposo, destacamos, no parágrafo 56, os elementos teológicos marianos que não se repetem nos demais parágrafos elaborados em seu comentário, até aqui. O "Pai das misericórdias quis que a aceitação, por parte daquela que Ele predestinara para mãe, precedesse a encarnação (...) é o que se verifica de modo sublime em sua missão mãe de Jesus, dando à luz do mundo a própria Vida, que tudo renova". Essa ação é própria do Espírito Santo, que a modelou e dela fez uma nova criatura. "Enriquecida, desde o primeiro instante de sua conceição, com os esplendores da santidade (...)", com razão os santos Padres afirmam que Maria não foi utilizada por Deus como instrumento meramente passivo, mas que cooperou livremente, por sua fé e obediência, na salvação da humanidade.

O mesmo critério adotaremos para elaborar a reflexão feita à luz dos elementos teológicos marianos do parágrafo 57. "Esta união da mãe com o Filho na obra da salvação manifesta-se desde a conceição virginal de Cristo até sua morte. Primeiro, quando Maria, tendo partido solicitamente para visitar Isabel, foi por ela chamada bem-aventurada, por causa da fé com que acreditara na salvação prometida, e o precursor exultou no seio de sua mãe (cf. Lc 1,41-45); depois, no nascimento (...), quando o apresentou no templo ao Senhor (...), quando ouviu Simeão profetizar... que uma espada trespassaria o coração da mãe, a fim de se revelar os pensamentos de muitos (cf. Lc 2,34-35)". E, por fim, quando perderam e buscaram, com aflição, o filho no templo, cuidando das coisas do Pai (cf. Lc 2,41ss).

Maria na vida pública de seu filho

No parágrafo 58, os padres conciliares indicam três manifestações da associação de Maria à vida pública de Jesus. A primeira manifestação se dá nas Bodas de Caná da Galileia. Faltou vinho na festa. Maria tomou conhecimento junto com os serventes e se dirigiu imediatamente a Jesus, dizendo-lhe: "Eles não têm mais vinho". Depois de um diálogo de mãe e filho, Maria tomou nova iniciativa e deu uma ordem aos serventes: "Fazei tudo o que Ele vos disser". E assim foi.

A fala de Maria com seu filho foi atendida porque Jesus pediu aos serventes que enchessem seis talhas de pedra com a água que estava ali para a purificação dos judeus. Na linguagem figurativa de João, infere-se a compaixão de Maria para com uma situação em que faltava vinho e, ao mesmo tempo, infere-se sua intercessão junto ao filho para preencher o que faltava em uma festa, como a do casamento que durava cerca de três a sete dias na cultura do povo judeu. Faltava-lhes reconhecer em Jesus o Enviado do Pai, esperado há milênios, para pregar o Reino para todos.

A segunda manifestação se dá durante sua pregação ao exaltar que o Reino de Deus ultrapassa os laços de sangue, pois o seguimento de Jesus vai além dos laços da família biológica. De acordo com a teologia dos sinóticos, o parentesco carnal com Jesus não dá título suficiente para segui-lo. A autêntica família de Jesus transforma os laços da família humana em um testemunho evidente dos verdadeiros laços que criam a comunhão com Jesus e seu projeto de vida.

A família da mãe, do pai e dos irmãos e das irmãs não deixa de ter seu real valor, à medida que se abre às pessoas, ao mundo, à sociedade, para despertar a vocação humana que progride para uma abertura ao Espírito, que concebeu Jesus em Maria de Nazaré. Maria passou pelo estreitamento humano que a fé exige de cada um de nós, homens e mulheres, para chegarmos a assimilar os gestos, as palavras e os ensinamentos de seu filho.

Finalmente, a manifestação de grande alcance teológico para toda a humanidade se dá quando Maria se encontra ao pé da cruz de Jesus no Calvário – ela está de pé, solidária com Jesus até o fim. A ideia de que o martírio dos profetas é o coroamento de todas as suas profecias, em Maria se impõe por meio de sua participação nos sofrimentos e no abandono de Jesus na cruz.

A solidariedade humana que permanece perto da cruz de Jesus na pessoa de Maria, das outras mulheres e do "discípulo amado" fala de uma experiência martirial que leva ao ponto mais alto a missão profética de toda a humanidade, que ainda hoje vive a solidariedade com seu povo, como Maria e as outras pessoas que lá estavam. Essa missão profética aponta para o nascimento da Igreja que Jesus Cristo queria deixar como missão a ser realizada por todos nós.

Quando todos abandonam Jesus, Maria fica de pé perto dele. Ela não se importa com o aparente fracasso da proposta de seu filho, nem com a fama que ele perde por ter sido julgado como um preso comum, condenado à morte como um assassino da Lei e um enganador do povo que apostou nele (Mc 1,28; Lc 4,37). Para nós, a figura de Maria silenciosa e humilhada ao pé da cruz de Jesus é sinal de esperança.

Maria é solidária também com a humanidade. A solidariedade que Maria mostra com o povo de seu tempo derruba a tese das retribuições terrestres e reduz ao silêncio todos os argumentos do saber humano. Essa sua solidariedade se confunde com a do povo que a ama e a venera como mãe, companheira e irmã. Desperta em cada mulher e em cada homem as verdades antigas adormecidas, para desenvolver a vida de Jesus em cada um, em cada uma, e tirar-nos do adormecimento provocado pela falta de consciência social e histórica.

> 58. Na vida pública de Jesus, Sua mãe aparece duma maneira bem marcada logo no princípio, quando, nas bodas de Caná, movida de compaixão, levou Jesus Messias a dar início a seus milagres. Durante a pregação de seu Filho, acolheu as palavras com que Ele, pondo o reino acima de todas as relações de parentesco, proclamou bem-aventurados todos os que ouvem a palavra de Deus e a põem em prática (cf. Mc 3,35 e paral.; Lc 11,27-28); coisa que ela fazia fielmente (cfr. Lc 2,19 e 51). Assim avançou a Virgem pelo caminho da fé, mantendo, fielmente, a união com seu Filho até à cruz. Junto desta esteve, não sem desígnio de Deus (cf. Jo 19,25), padecendo acerbamente com seu Filho único e associando-se com coração de mãe a seu sacrifício, consentindo com amor na imolação da vítima que dela nascera; finalmente, Jesus Cristo, agonizante na cruz, deu-a por mãe ao discípulo, com estas palavras: "Mulher, eis aí o teu filho" (cf. Jo 19, 26-27). (LG n. 58)

Maria depois da ascensão

A participação de Maria na obra da salvação é exposta no parágrafo 59, depois da ascensão de Jesus. O Concílio descreve a ação salvífica de Maria da ascensão a Pentecostes. Afirma, com sobriedade, aderindo aos textos das afirmações dogmáticas e aos documentos do magistério e dos Padres, a assunção gloriosa da Imaculada Virgem e sua coroação como Rainha do universo. Cabe enfatizar, aqui, que na anunciação Maria já é coberta pelo Espírito Santo, que significa a presença de Javé por meio da nuvem, por meio da Arca da Aliança e alude, assim, a Maria, a Nova Arca da Aliança habitada pelo Verbo feito carne nela.

O segundo ponto evidenciado nesse parágrafo é o fim terreno de Maria mediante sua assunção gloriosa. Para os primeiros cinco séculos, não há testemunhas explícitas da assunção da Virgem. A ela se têm algumas alusões e, em certa medida, alguns textos da Sagrada Escritura: a predição da vitória da mulher sobre a serpente (Gn 3,15), a declaração de Maria cheia de graça (Lc 1,28), a descrição da luta da mulher e de seu filho contra o dragão (Ap 12).

As prerrogativas da mãe de Deus são, nos primeiros séculos, unidas aos mistérios da Trindade, da encarnação e da redenção. No Oriente, Santo Epifânio é o primeiro a crer na assunção de Maria, e São Modesto de Jerusalém († 634) é o primeiro teólogo da assunção. Um século depois, é o teólogo São Germano de Constantinopla e São João Damasceno que se destacam. No Ocidente, as primeiras testemunhas da assunção aparecem em São Gregório de Tours († 594) e no pseudo-Melitão. Tomás de Aquino e Boaventura determinam a orientação de todos os grandes escolásticos.

Recolhendo as testemunhas unânimes da Igreja em favor da verdade dogmática da assunção, Pio XII foi levado a proclamar seu dogma. O Papa nos traz as testemunhas que os Padres e Doutores nos deixaram ao longo dos séculos. Apresentada como Nova Eva, unida ao Novo Adão, Cristo, Maria é associada em tudo ao Filho. À ressurreição de Jesus corresponde, convenientemente, a glorificação do corpo de Maria[26].

No dia 1º de novembro de 1950, o papa Pio XII declarou e definiu como verdade de fé que a Imaculada mãe de Deus, a sempre Virgem Maria, terminado o curso de sua vida terrestre, foi assunta em corpo e alma à glória celeste (DS 3903). É o mais recente dos dogmas marianos, proclamado pela Constituição Apostólica *Munificentissimus Deus,* que quer dizer: generosidade, liberalidade, magnanimidade de Deus para com a humanidade.

A definição solene do dogma da assunção de Maria em corpo e alma termina sua proclamação com estas palavras: "A Imaculada mãe de Deus e sempre Virgem Maria, ao

[26] AA.VV. *L'Ora di lettura commentata daí Padri della Chiesa*, p. 638-639 (comentário introdutivo à *Munificentíssimus Deus*).

término de sua vida terrestre, foi assunta em corpo e alma à glória do céu"[27]. A recepção desse dogma foi um tanto discutida. Para melhor esclarecer a atitude do magistério diante dessa situação, julgamos por bem trazer aqui breves explicações de como a teologia interpretou aquilo que era devoção popular simplesmente – antes, porém, fé verdadeira do povo das dioceses onde já havia o culto.

Primeira breve explicação

Como não existem explícitas citações bíblicas que comprovem o dogma da Imaculada Conceição, proclamado por Pio IX um século antes, assim também não existem explícitas citações bíblicas no que diz respeito à assunção de Maria ao céu em corpo e alma[28]. Os dois modelos de raciocínio foram questionados pela teologia da época e continuam sendo pela teologia de hoje, tanto pela teologia católica como pela protestante. Todavia os estudiosos encontraram no mesmo texto da Constituição Apostólica argumentos favoráveis à afirmação da morte e assunção de Maria como um fato verdadeiramente acontecido.

Essa afirmação é tomada do paralelismo existente entre Jesus Cristo e Maria, que nasce da união íntima de Maria com seu filho desde o plano salvífico do Pai. Este determina a encarnação do Verbo e a existência de sua mãe[29], a mulher que trouxe a irrupção da plenitude do tempo (Gl 4,4). Enfim, todas as razões e as considerações dos santos padres e dos teólogos têm, como último fundamento, a

[27] COLLANTES J. *A Fé Católica. Documentos do Magistério da Igreja*, p. 426, n. 5032. Ver também p. 424-425. Foi proclamado por Pio XII em 1 de novembro de 1954, pela Constituição *Munificentissimus Deus.*

[28] SERRA, A. *Immacolata*, p.668-695; SERRA, A., Assunta, p. 162-167.

[29] MORALEJO, G. C. *Morte e assunzione di Maria, L`Assunzione di Maria, Madre di Dio*, p. 648s.

Sagrada Escritura que apresenta a mãe de Deus estreitamente unida a seu filho divino[30].

Segunda explicação

Essa engloba a carga simbólica da figura da mulher que é Maria, a mãe do Deus Trino e Uno, fundamento da comunhão e da vida familiar que circula na reciprocidade e na alteridade das diferenças que criam e dinamizam a unidade na pluralidade das expressões humanas. A assunção nos fala que Deus está na origem e no fim bom da história humana que cada um de nós constrói durante sua peregrinação terrenal. Se a Imaculada Conceição nos fala da protologia da graça[31], a assunção realiza e faz desabrochar todas as potencialidades humanas latentes, levando-as à plenitude escatológica.

Essa verdade, com base indireta na Sagrada Escritura, é acrescida pela experiência de fé das comunidades que prestavam culto a Nossa Senhora da Glória desde os primeiros séculos da Idade patrística. O magistério exercido pelos bispos leva em conta o *sensus fidelium*, que é "o sentir dos fiéis", isto é, aquilo que a comunidade de fé acredita e expressa por meio de sua vida de oração e da liturgia, a qual supõe esta fé de todas as comunidades em que já havia a devoção e o culto à mãe de Deus assunta ao céu em corpo e alma.

---

[30] COLLANTES J. *A Fé Católica. Documentos do Magistério da Igreja*, p. 426, n. 5032. "(...) A augusta Mãe de Deus, misteriosamente, unida a Jesus Cristo desde a eternidade, por um único e mesmo plano de predestinação, imaculada em sua conceição, Virgem perfeita na maternidade divina, generosamente, associada ao divino Redentor, que alcançou o pleno triunfo sobre o pecado e suas consequências, obteve também, como supremo coroamento de seus privilégios, ser preservada imune da corrupção do sepulcro e, do mesmo modo como seu Filho, vencida a morte, ser elevada em corpo e alma à suprema glória do céu, onde refulge como Rainha, à direita de seu Filho, Rei dos séculos imortal (cf. 1Tm 1,17)".

[31] MARTÍN, T. L. *La "inclusión" antropológica de los dogmas marianos. Uma mirada dentro de nuestro entorno teológico*, p. 314.

59. Tendo sido do agrado de Deus não manifestar, solenemente, o mistério da salvação humana antes que viesse o Espírito prometido por Cristo, vemos que, antes do dia de Pentecostes, os Apóstolos "perseveravam, unanimemente, em oração, com as mulheres, Maria Mãe de Jesus e seus irmãos" (At 1,14), implorando Maria, com suas orações, o dom daquele Espírito, que já sobre si descera na anunciação. Finalmente, a Virgem Imaculada, preservada, imune de toda a mancha da culpa original, terminado o curso da vida terrena, foi elevada ao céu em corpo e alma e exaltada por Deus como rainha, para assim se conformar mais, plenamente, com seu Filho, Senhor dos senhores (cf. Ap 19,16) e vencedor do pecado e da morte. (LG n. 59)

Maria participa da mediação de seu filho

Esta parte trata das relações de Maria como serva, de seu ofício materno em favor da humanidade, sobretudo durante o curso da história da Igreja, de Pentecostes à parusia final e em sua relação com a Igreja. O Concílio segue a escola de São Paulo, que insiste na unicidade do único mediador, escrevendo sua Carta a Timóteo: "Há um só Deus e um só mediador entre Deus e a humanidade, um homem, Cristo Jesus, que se deu em resgate por todos" (1Tm 2,5-6). O ensinamento do apóstolo no parágrafo 60 deixa clara a mediação de Jesus.

Essa relação única não exclui, todavia, a possibilidade de outra mediação subordinada e secundária, sendo constituída mediação positiva por vontade do Pai. De fato, essa segunda explicação, dada pelos exegetas, sinaliza a universalidade da mediação de Jesus: como homem histórico e como o Cristo da fé, o Ressuscitado. Há, portanto, um só mediador, Jesus Cristo, entre Deus e a humanidade, que se deu a si mesmo a todos: não há, portanto, dois mediadores, coordenados, um para os hebreus e outro para os gentios. Deus quis que outros participassem dessa mediação, de modo subordinado e dependente. Aqui entra a missão materna de Maria.

Nesse contexto de interpretação do parágrafo 60, explica-se que a mediação de Maria está associada a Deus na obra salvífica do único mediador, sem dissociar a vida histórica do Filho de Deus e a vida como Ressuscitado.

O Concílio se apressa em precisar a mediação do Cristo ressuscitado em ordem à Igreja e a seus membros. Maria, portanto, é associada à mediação do filho. O mistério de Cristo, que salva a humanidade, é evento que nos mostra a eficácia da mediação materna de Maria, que vai de Pentecostes à parusia.

> 60. O nosso mediador é só um, segundo a palavra do Apóstolo: "não há senão um Deus e um mediador entre Deus e os homens, o homem Jesus Cristo, que se entregou a si mesmo para redenção de todos (1Tm 2,5-6)". Mas a função maternal de Maria em relação aos homens de modo algum ofusca ou diminui esta única mediação de Cristo; manifesta, antes, a sua eficácia. Com efeito, todo o influxo salvador da Virgem Santíssima sobre os homens se deve ao beneplácito divino e não a qualquer necessidade; deriva da abundância dos méritos de Cristo, funda-se na sua mediação e dela depende inteiramente, haurindo aí toda a sua eficácia; de modo nenhum impede a união imediata dos fiéis com Cristo, antes, a favorece. (LG n. 60)

Do parágrafo 61 até o 66 (incluído), pensamos sintetizar o eixo principal de cada proposta feita em cada parágrafo, com o objetivo de evitar repetições e levar a pessoa que lê a consultar o documento. O parágrafo 61 fala da colaboração de Maria na história da salvação: quis Deus que Maria fosse sobre essa terra a "alma mãe do divino Redentor", a "companheira generosa" e "a humilde serva do Senhor". Sim, porque Maria foi a "alma mãe" no sentido de haver concebido Cristo, no sentido de gerá-lo, nutri-lo, apresentá-lo ao Pai no templo e sofrer com ele ao pé da cruz. "Por isso foi para nós mãe na ordem da graça."

Sintetizamos o parágrafo 62, sublinhando a participação de Maria em tudo aquilo que seu filho viveu e sofreu por nós, no exercício de seu múnus salvífico como assunta aos céus, junto a nós, seus filhos e suas filhas peregrinantes nesta terra. A Igreja não hesita em proclamar esse múnus subordinado de Maria, para que sempre sejamos encorajados por essa maternal proteção, que nos leva cada vez mais a aderir ao Único Mediador e Salvador Jesus Cristo, Filho de Deus e filho de Maria.

Ao votarem o parágrafo 63, os padres do Concílio ressaltaram a união da mãe com o filho na obra da redenção, desde o momento em que o concebeu, virginalmente. Essa entrega de Maria por sua fé consagrou sua integridade virginal (LG n. 57). A partir dos inícios do século II, encontramos testemunhos de fé dessa verdade, testemunhos que vão fazer parte de todos os credos desse tempo e também por meio das orações litúrgicas. Os Padres da Igreja nos deixaram seu testemunho.

Destacamos, do parágrafo 64, que fala da fecundidade virginal da Igreja à imitação de Maria, o seguinte: "A Igreja é virgem, pois guarda fidelidade total e pura ao seu Esposo e conserva, virginalmente, à imitação da Mãe do seu Senhor e por virtude do Espírito Santo, uma fé íntegra, uma sólida esperança e uma verdadeira caridade".

Com o parágrafo 65, o texto conciliar afirma, antes de tudo, que a Igreja atingiu, em Maria Virgem e mãe, a perfeição com a qual é sem mancha e sem ruga (Ef 5,27). Pois Maria, como membro da Igreja, foi lavada, como sua noiva, nascendo imaculada. Assim, toda a Igreja, como povo de Deus, é chamada, a exemplo da mãe de Deus, a imitá-la em sua pureza imaculada.

Finalmente, Maria exerce, no meio povo, o ministério da missão, única finalidade pela qual a Igreja existe. Esse ministério mariano é possível por sua maternidade divina, que gerou o Redentor, da qual vem até nós a maternidade espiritual que gera filhos e filhas para a Igreja em caminho, por estar viva em Deus, na comunhão dos Santos e das Santas.

Ao tratar a natureza e o fundamento do culto na Igreja, o parágrafo 66 afirma que o culto, como tal, sempre existiu na Igreja. O culto a Maria, inteiramente singular, difere essencialmente do culto de adoração, que se presta por igual ao Verbo encarnado, ao Pai e ao Espírito Santo, e favorece-o, poderosamente. "Na verdade, as várias formas de piedade para com a mãe de Deus, aprovadas pela Igreja, dentro dos limites da sã e reta doutrina, segundo os diversos tempos e lugares e de acordo com a índole e modo de ser dos fiéis, têm a virtude de fazer com que, honrando a mãe, melhor se conheça, ame e glorifique o Filho, por quem tudo existe (cf. Cl 1,15-16)".

O espírito da pregação e do culto

Sobre o espírito e a pregação do culto, o parágrafo 67 recomenda a todos os fiéis, aos teólogos e aos pregadores da palavra que observem e adaptem as orientações eclesiais a respeito do culto e à prática da devoção a Maria Santíssima. Nesse processo, ter presente as orientações do magistério para que promovam esse culto, especialmente o litúrgico, e com sensibilidade espiritual resgatem as práticas de piedade mariana recomendadas pelo magistério ao longo dos séculos.

São indicadas, sobretudo para os teólogos e estudiosos da palavra de Deus, as fontes que devem ser conhecidas, como: a Sagrada Escritura, os Santos Padres, os Doutores da Igreja, as liturgias da Igreja, do Ocidente e do Oriente, para sua reta aplicação e ensinamento. Recomenda ainda aos fiéis que o quadro da verdadeira devoção mariana consiste, em primeiro lugar, na fé verdadeira, que adere à revelação referente à mãe de Deus. Às pessoas dedicadas à pastoral expliquem, como convém, as funções da Santíssima Virgem, as quais dizem respeito a Cristo, origem de toda a verdade, santidade e piedade. Evitem com cuidado, nas palavras e atitudes, tudo o que possa induzir ao erro acerca da autêntica interpretação dos textos da Sagrada Escritura, textos narrativos, que citam a mãe de Deus; orientem-se pelos documentos eclesiais, e os fiéis lembrem-se de que a verdadeira devoção não consiste em uma emoção estéril e passageira, mas nasce da experiência de fé.

> 67. O Sacrossanto Sínodo ensina, deliberadamente, esta doutrina católica, e ao mesmo tempo recomenda a todos os filhos da Igreja que fomentem, generosamente, o culto da Santíssima Virgem, sobretudo o culto litúrgico, que tenham em grande estima as práticas e exercícios de piedade para com Ela, aprovados no decorrer dos séculos pelo magistério, e que mantenham fielmente tudo aquilo que no passado foi decretado acerca do culto das imagens de Cristo, da Virgem e dos santos. Aos teólogos e pregadores da palavra de Deus, exorta-os instantemente a evitarem, com cuidado, tanto um falso exagero como uma demasiada estreiteza na consideração da dignidade singular da Mãe de Deus (193). Estudando, sob a orientação do magistério, a Sagrada Escritura, os santos Padres e Doutores, e as liturgias das Igrejas, expliquem como convém as funções e os privilégios da Santíssima Virgem, os quais dizem todos respeito a Cristo, origem de toda a verdade, santidade e piedade. Evitem com cuidado, nas palavras e atitudes, tudo o que possa induzir em erro acerca da autêntica doutrina da Igreja os irmãos separados ou quaisquer outros. E os fiéis lembrem-se de que a verdadeira devoção não consiste numa emoção estéril e passageira, mas nasce da fé, que nos faz reconhecer a grandeza da Mãe de Deus e nos incita a amar filialmente a nossa mãe e a imitar as suas virtudes. (LG n. 67)

Sinal de esperança e de consolação

O texto conciliar do parágrafo 68 evoca o texto do Apocalipse 12, da Mulher iluminada pelo Sol, tendo a lua sob os pés e coroada de doze estrelas (Ap 12,1s). O Concílio afirma que

Maria Santíssima, glorificada no céu em corpo e alma, é imagem escatológica e primícia daquela Igreja que deverá ser glorificada quando todos os membros do peregrinante povo de Deus participarão de sua glória e da alma que já refulge em sua mãe e nossa.

Por isso proclamamos que Maria assunta ao céu é sinal de esperança em nossa peregrinação terrena. Maria não se circunscreve aos limites da morte. Ela rompe essa barreira e alcança a plenitude de vida ressuscitada. Se nossa vida mortal é chamada para a vida imortal e não para a morte, então a mãe do autor da vida, o templo no qual entrou o princípio de toda geração, devia, mais que qualquer outra pessoa, participar do mistério inteiro da vida plena em Deus Pai, Filho, Espírito Santo.

Para vivermos uma espiritualidade escatológica mariana, em primeiro lugar, sublinhamos a importância de levar em consideração que, quando afirmamos que Maria foi assunta ao céu em corpo e alma, enfatiza-se o caráter totalizante e completo da glorificação de Maria. Não apenas a alma, a interioridade e a transcendência humanas participam da plenitude da vida no Reino, mas também a corporalidade, isto é, nosso enraizamento terrestre, nosso peso material e carnal, nosso relacionamento cósmico, ecológico e histórico. A mulher toda se vê envolvida na absoluta realização.

Em segundo lugar, pela ressurreição e pela assunção, o corpo vem resgatado de toda a sua ambiguidade. Ele será motivo de bênção. Não é mais uma muralha que nos separa de Deus, do outro e do mundo que conhecemos durante nossa peregrinação terrenal. É porta aberta para a comunhão, é transparência e veículo de graça, de bondade e de amor puro. Em Maria, tudo sempre foi puro e santo pela presença do Espírito Santo. A ressurreição e a assunção de Maria Santíssima ao céu, na glória do Deus Trino, reassumiram essa realidade e a consumaram em sua máxima plenitude.

Finalmente, Paulo nos deixa entrever o Novo céu e a Nova Terra: "Nenhum olho jamais viu, nenhum ouvido jamais ouviu, nenhum coração jamais penetrou o que Deus preparou para os que o amam" (1Cor 2,9). O mito da inferioridade feminina e o da mulher como primeira responsável pela entrada do pecado no mundo estão, definitivamente, banidos do horizonte da humanidade quando é em uma mulher que se vê glorificada a condição de toda a humanidade.

> 68. Entretanto, a Mãe de Jesus, assim como, glorificada já em corpo e alma, é imagem e início da Igreja que consumará no século futuro, assim também, na terra, brilha como sinal de esperança segura e de consolação para o Povo de Deus ainda peregrinante, até que chegue o dia do Senhor (cf. 2Pd 3,10). (LG n. 68)

Medianeira para a unidade

Na conclusão deste capítulo, o texto conciliar do último parágrafo 69 exulta de alegria e júbilo por constatar, publicamente, a presença das Igrejas separadas que prestam culto à mãe de Deus. Não só, mas invoca a filha e mãe de Sião, que acompanhou o primeiro início da Igreja de Jesus Cristo, para que "interceda, junto de seu Filho, na comunhão de todos os santos e santas, até que todos os povos, tanto os que ostentam o nome cristão, como os que ainda ignoram o Salvador, reúnam-se, felizmente, em paz e harmonia, no único Povo de Deus, para glória da santíssima e indivisa Trindade" (LG n. 69). Conscientes da divisão entre os cristãos e toda a humanidade, somos chamados e chamadas a empenhar-nos para que a Filha de Sião se torne, para todos e todas, um sinal de unidade.

Concluindo esse Documento

Com o capítulo VIII da Constituição Dogmática, o Vaticano II nos deu o primeiro desenvolvimento de um tratado da função salvífica de Maria, mantendo-se ligado à visão bíblica, patrística, litúrgica, em um modo que satisfez a preocupação ecumênica do diálogo com os irmãos de outras denominações cristãs, os quais admitem a autoridade da Bíblia e dos antigos testemunhos dos Padres e da Liturgia. Deixou, outrossim, às várias escolas e tendências teológicas a porta aberta para ulterior aprofundamento das questões levantadas, que não entram no ensinamento conciliar.

O Vaticano II assinala ponto de avanço da doutrina mariana inserida e harmonizada com os demais tratados da teologia bíblica e da teologia sistemática pastoral, progredindo, assim, nessa direção segundo a orientação de Paulo VI com sua Exortação *Marialis Cultus*, publicada uma década depois. Com a aprovação de Paulo VI a esse capítulo oitavo, no fim da terceira sessão dos Padres conciliares, encontramo-nos diante do mais rico e amplo documento mariano conciliar até agora publicado na história trimilenária da Igreja, mãe e mestra, na qual se encontra a experiência de fé da piedade popular mariana.

É documento histórico de grande sabedoria pastoral, que traça o caminho seguro para a prática da genuína devoção mariana, que tem sua origem na fé em Jesus Cristo e na prática de seus ensinamentos. A seguir, veremos o resgate que Paulo VI faz, depois de uma década da aplicação desse Documento, em sua Exortação Apostólica *Marialis Cultus,* de 1974.

2

Exortação Apostólica *Marialis Cultus* (1974)

Introdução

Em dois de fevereiro de 1974, festa da Apresentação do Senhor, o papa Paulo VI presenteou o povo cristão com uma obra-prima, digna de Maria e de seu pontificado, que foi a Exortação sobre o culto a ela, estimulando todos a prestarem a Maria um culto sempre mais bíblico, teológico e litúrgico.

É uma Exortação bem escrita, pode-se dizer que é uma obra capital de literatura que sai de dentro do espírito humano de Paulo VI. Ela é visceral, porque fala da experiência de fé que esse Papa testemunha e comunica aos fiéis, em sua originalidade. Essa originalidade perpassa todos os povos que manifestam à mãe do Senhor sua verdadeira piedade e seu culto de amor sincero.

A orientação dada por Paulo VI diz respeito à liturgia e ao culto da Virgem Santíssima sobre estes pontos: (I) o culto na Liturgia; (II) a renovação da piedade mariana; (III) práticas dessa piedade. A Exortação tem quase cinco décadas e continua sendo uma sábia orientação para nosso povo, que é muito mariano, e para a prática e a vida teológico-espiritual de todos. A partir desse Documento, Paulo VI busca resgatar a humanidade de Maria como profetisa, fala do Espírito Santo e Maria, coloca as grandes questões do feminino que interpelam a sociedade de nossos dias e a própria Igreja católica. Abre-se ao espaço do campo bíblico, litúrgico, ecumênico e antropológico.

Esclarecemos que não serão transcritos todos os parágrafos, como fizemos na análise do VIII capítulo da LG. São muito longos e discursivos, bastante comentados e com várias orientações pastorais, muitas delas ainda válidas para nossos dias. Cada um desses parágrafos, porém, é citado com seu número nas reflexões, interpretações e nos comentários feitos à luz dos avanços na devoção e no culto a Maria. Com esse objetivo, analisamos o documento para mais esclarecimentos e detalhes.

O culto da Virgem na liturgia

Breve noção de culto

Para o Antigo Testamento, o culto significa o encontro amoroso com Deus. O culto coloca em comunhão com Deus a pessoa que acredita nele. As estrelas, por exemplo, são um sinal dessa presença e dessa comunhão (Gn 31,45). No culto como serviço religioso, Israel encontra seu Deus, consulta-o e se põe à escuta de sua palavra (Ex 29,42). O culto chega a seu ponto mais alto com a realização plena da Promessa; é o que se verifica com Jesus no Novo Testamento.

No Novo Testamento, o Jesus que prega o Reino não aparece participando de um culto do povo de Israel. O sinal que Ele deixa de seu culto ao Pai como comunhão com Ele e serviço aos outros até a morte, na docilidade confiante à vontade de Deus, é o *Memorial Eucarístico,* o grande e máximo culto. Jesus, mesmo tomando distância do culto celebrado no Templo, não rejeita nenhuma ação litúrgica. No espaço familiar, faz sua Última Ceia com os mais íntimos, e essa ceia é uma liturgia.

O Livro dos Atos dos Apóstolos mostra os cristãos em sua relação com o Templo e lembra, inclusive, as reuniões de oração e as celebrações eucarísticas feitas nas casas (At 2,42-47). A celebração descrita em Trôade, prolongada até a meia-noite (At 20,7-12), na qual estavam reunidos os primeiros cristãos para a fração do pão, demonstra ser uma liturgia já bastante organizada. O verdadeiro culto, segundo São Paulo, é oferecer a Deus a própria vida, e a verdadeira liturgia compromete toda a existência cristã no anúncio e na construção do Reino de Deus, que já se encontra no meio de nós.

A origem e o desenvolvimento do culto a Maria vêm das comunidades primitivas que celebravam os momentos de culto descritos anteriormente. Era nesse culto que refletiam sobre os textos narrativos, nos quais Maria era apenas citada, textos que só mais tarde foram inseridos na catequese e na pregação dos Padres da Igreja. O magistério da Igreja confere uma importância singular à presença de Maria e seu culto no âmbito da liturgia e da prática pastoral.

O lugar de Maria na Liturgia da Igreja

Junto ao que dispõe o número 1 da MC, cabe-nos reconhecer os bons ventos de renovação trazidos pelo Concílio Ecumênico Vaticano II, que se realizou de 1962 a 1965. Aberto por João XXIII, mais conhecido como "o papa bom", e levado adiante por Paulo VI com todos os bispos do mundo, cristãos e católicos, traçou normas litúrgicas da celebração da obra salvífica do Pai, distribuindo, ao longo do ano todo, o mistério de Cristo, desde a encarnação até sua vinda gloriosa, que se dará no fim dos tempos.

> 1. Ao nos dispor a tratar do lugar que a bem-aventurada Virgem Maria ocupa no culto cristão, devemos, em primeiro lugar, volver a nossa atenção para a sagrada Liturgia; esta, efetivamente, para além de um rico conteúdo doutrinal, possui uma incomparável eficácia pastoral e tem um reconhecido valor exemplar para as outras formas de culto. (MC n.1)

No mistério de Cristo, foi inserida a memória de Maria como mãe do Senhor. Essa inserção se dá no ciclo anual dos mistérios de Jesus, celebrando-se, de maneira explícita e organizada, a íntima ligação que a mãe tem com o Filho de Deus. Por esse motivo, muitas comemorações e festas de Nossa Senhora mudaram de data na liturgia da Igreja, conservando estreita relação de Maria com o mistério de Cristo e da Igreja. Por isso o parágrafo 3 do documento assim diz:

> 3. Assim, no tempo do Advento, a Liturgia (...) recorda, com frequência, a bem-aventurada Virgem Maria, sobretudo, nos dias que vão de 17 a 24 de dezembro; e, mais, particularmente, no domingo que precede o Natal, quando faz ecoar antigas palavras proféticas acerca da Virgem Mãe e acerca do Messias e lê episódios evangélicos relativos ao iminente nascimento de Cristo e do seu Precursor. (MC n. 3)

O tempo do Advento é considerado, pela Igreja, o tempo litúrgico mariano mais forte, caracterizado pela presença de Maria que responde à proposta do Pai no mistério da encarnação de Jesus, pela força do Espírito Santo. Temos aqui a Comunidade divina que se revela aos povos de todas as raças e nações, e o lugar dessa revelação é Maria de Nazaré.

A liturgia não só celebra a Imaculada Conceição de Maria no dia 8 de dezembro e a preparação para a vinda do Salvador como começo de uma Igreja nova, sem mancha, mas recorda, com frequência, a Virgem Maria com relação à chegada iminente do Messias. A Igreja faz ecoar antigas palavras proféticas, proclama episódios evangélicos acerca do nascimento de Jesus e de seu precursor. O culto à Virgem Maria tem seu necessário ponto de referência, que é Cristo (MC n. 3 e 4).

Pelas antífonas a seguir, chega-se ao conhecimento de como a Igreja vive o espírito do advento com sua forte carga mariana. A figura da Virgem é trazida à memória dos fiéis que a cultuam como a Maria da Esperança, porque está em atitude da espera do Salvador. As leituras dos profetas falam da segunda vinda de Cristo glorioso para toda a humanidade. O advento, portanto, é o tempo particularmente adequado para o culto da mãe do Senhor. Veja-se como Maria entra em cada antífona que segue.

Ano A: "José, filho de Davi, não temas receber Maria tua mulher, pois o que nela foi gerado vem do Espírito Santo" (Mt 1,18);

Ano B: "Eis que a Virgem concebeu e dará à luz um filho e lhe porá o nome de Emanuel" (Is 7,14);

Ano C: "Donde me vem que a Mãe do meu Senhor me visite" (Lc 1,43)?

No tempo litúrgico do Natal, coloca-se em destaque a maternidade divina, virginal e salvífica de Maria. Ao adorarmos o Menino Jesus, veneramos também sua mãe, Maria Santíssima. Na Festa da Epifania do Senhor, contemplamos a Virgem, verdadeira mãe do Rei, que apresenta aos Magos o Redentor de todas as gentes (Mt 2,11). E na festa da Sagrada Família contemplamos, reverentes, a família que tem como filho o próprio Filho de Deus (Mt 1,19).

Oito dias depois da festa do Natal, celebramos a santa mãe de Deus por ser a mulher inserida no grande mistério do Pai revelado em seu Filho Jesus Cristo, Príncipe da Paz. Maria, como mãe, é a mulher que participa da mediação do Príncipe da Paz como Rainha da Paz para o mundo e toda a Criação.

Por isso tudo, celebra-se o Dia Mundial da Paz em primeiro de janeiro de cada ano. Às solenidades já recordadas, como a da Imaculada Conceição de Maria e a de sua Maternidade divina (MC n. 5), acrescentam-se ainda celebrações marianas como a Anunciação do Senhor e outras.

A grande Tradição da Igreja, apresentada pela Liturgia, acrescenta ainda as antigas celebrações de 25 de março e 15 de agosto. A Anunciação do Senhor é uma celebração do Verbo, que se faz filho de Maria (Mc 6,3) e da Virgem que se torna mãe de Deus por obra do Espírito Santo. Celebra-se aqui o SIM de Maria ao plano de salvação do Pai e o SIM do Verbo Encarnado, que, ao entrar no mundo, disse: "Eis-me aqui (...), eu vim ó Deus, para fazer a tua vontade" (Hb 10,7). É uma festa, conjuntamente, de Cristo e de Maria.

Esse é o momento alto do início de nossa redenção, porque a natureza divina assume a natureza humana de Jesus, em uma indissolúvel unidade esponsal na única Pessoa do Verbo Encarnado (MC n. 6). São João Crisóstomo define a Anunciação do Senhor como a "Festa da Raiz", no sentido do princípio absoluto que inaugura o novo tempo presente, o novo *éon*, o começo do céu já nesta terra. É o Reino que já começou com a pregação de Jesus, sua exaltação na cruz, ressurreição, ascensão aos céus e o envio de seu Espírito sobre toda carne (At 2,17).

A celebração de Maria ressuscitada e assunta ao céu, em corpo e alma, fala do destino de Maria pela missão desempenhada no mistério de Cristo, que veio ao mundo como enviado do Pai para salvar todos. A celebração de 15 de agosto é conhecida também como Nossa Senhora da Glória, a Assunta. Celebra-se o fim da caminhada terrena que Maria fez com seu povo, chegando à glorificação de sua missão como mãe de Deus. Emerge, nessa celebração, a perfeita figura do Cristo ressuscitado (MC n. 6).

Maria nos precede nessa experiência de plenitude de vida em Deus, Comunidade de Amor. A solenidade de Nossa Senhora da Glória propõe à Igreja e à humanidade a realização da esperança final que todos alimentamos em nosso peregrinar nesta terra. A glorificação plena é o destino de todos aqueles e aquelas que Cristo adotou por seus irmãos e suas irmãs por pura graça. Todos nós temos em comum o sangue e a carne de Jesus, dados por Maria, e a adoção de filhos e filhas de Deus, pela graça salvadora de Jesus.

Essas celebrações dedicadas à mãe de Deus colocam em destaque, na Liturgia da Igreja, as principais verdades dogmáticas referentes à humilde serva do Senhor. Essas verdades são chamadas de *dogmas*, isto é, verdades proclamadas pelo magistério, com base na experiência de fé das comunidades eclesiais e verdades proclamadas à luz da Palavra revelada na Sagrada Escritura. Temos então:

- sua maternidade humana e divina;
- sua virgindade;
- a imaculada conceição de Maria;
- e a assunção de Maria ao céu em corpo e alma.

Nos eventos salvíficos em que se celebra Maria, ela está intimamente associada ao Filho, em primeiro lugar, no Memorial do Senhor, quando se invoca a memória da sempre Virgem Maria, mãe de nosso Deus e Senhor Jesus Cristo. A evocação de Maria nas Preces Eucarísticas fala da mãe do Senhor em termos densos de doutrina e de fervor cultual (MC n. 10). Essas preces foram colocadas no coração do Memorial do Senhor. É a forma particularmente expressiva do culto que a Igreja presta à "Bendita do Altíssimo" (Lc 1,28).

Cabe salientar a importância do culto à Virgem que a Igreja universal lhe presta ao longo da história da salvação, seja no

Ocidente, seja no Oriente. Da Tradição perene e viva da fé da Igreja, colhemos as expressões mais altas e mais límpidas da piedade popular mariana (MC n. 9-15). Por meio da voz da Igreja, que nos acompanha e nos orienta pelos caminhos do Senhor, temos Maria como companheira de estrada.

Em nosso continente latino-americano e caribenho, por exemplo, celebramos a festa de Nossa Senhora de Guadalupe, patrona dos povos latinos, e de Nossa Senhora da Conceição Aparecida, no Brasil, festas que constam em nosso calendário litúrgico. Pode-se afirmar que, no testemunho da experiência de fé nas comunidades cristãs de todos os tempos, esteve presente o culto a Maria como a Imaculada, a mãe de Deus, a Virgem mãe da Igreja, a Nossa Senhora da Glória e outros diferentes nomes de acordo com cada cultura.

As demais expressões de fé, inspiradas em Maria, discípula mãe de seu filho, também floresceram no âmbito da Liturgia da Igreja ou a ela foram incorporadas pela força da piedade popular, nascida da fé originária do evento Pascal. Este encontra sua plena expressão no ressuscitado e na vinda de seu Espírito sobre toda a carne, em Pentecostes.

Concluímos com a primeira parte do parágrafo 15, para fechar a orientação da Exortação Apostólica que fala sobre o culto dado à Virgem Santíssima na liturgia de nossa Igreja.

> 15. Este breve exame dos livros litúrgicos restaurados leva-nos a uma confortante comprovação: a reforma pós-conciliar, como já figurava no Movimento Litúrgico, que considerou a Virgem Maria numa perspectiva adequada no mistério de Cristo; e, em sintonia com a tradição, reconheceu-lhe o lugar singular que lhe compete no culto cristão, qual Santa Mãe de Deus e enquanto cooperadora do Redentor. Nem podia ser de outra maneira. Ao percorrermos, ainda uma vez, a história do culto cristão, podemos notar que, tanto no Oriente quanto no Ocidente, as expressões mais altas e mais límpidas da piedade para com a bem-aventurada Virgem Maria floresceram no âmbito da Liturgia, ou então nela foram incorporadas.

A Virgem no exercício do culto

O exemplo da bem-aventurada Virgem Maria, neste campo, segue algumas indicações do Concílio, expondo as relações que se verificam entre Maria e a Liturgia. Ela é tomada como exemplo daquela mulher que vive as disposições interiores com que a Igreja celebra os divinos mistérios. A Igreja está, intimamente, associada a seu Senhor, invoca-o e, por meio dele, presta culto ao eterno Pai. Maria participa de tudo isso como mãe de Deus (MC n. 16). O documento apresenta algumas dessas atitudes de Maria.

A Virgem que sabe ouvir

No parágrafo 17, encontramos Maria de Nazaré, que sabe ouvir porque sabe silenciar e perscrutar a Palavra de Deus, que cai, mansamente, em seu coração, em sua mente e em sua vida como um todo. Ela é modelo para toda a Igreja nessa escuta, sobretudo na liturgia, em que a Palavra se faz comida e bebida para todos os fiéis que participam da celebração eucarística, ponto culminante de toda a liturgia eclesial. Assim alimentada, a Igreja Povo de Deus interpreta os sinais dos tempos e vive os acontecimentos da história que interpela todos.

Maria acolhe a Palavra de Deus com fé e é com essa fé que ela concebe e dá à luz o Filho de Deus encarnado. Crendo, Maria concebe e crendo ela dá à luz aquele que concebeu na fé (MC n. 17). Maria ouve e ausculta, isto é, escuta, por dentro de seu coração e de seu espírito, os acontecimentos da infância de seu filho, que lhe fala, que responde a suas perguntas, e ela, não compreendendo o que ele diz, guarda-as em seu coração. Assim foi no episódio do Templo, quando Jesus se deteve para discutir a lei de Moisés com os doutores de Jerusalém, por ocasião da celebração da Páscoa hebraica (Lc 2,41-50).

A Virgem que sabe rezar

No parágrafo 18, Maria é caracterizada como a Virgem da oração. Em três momentos especiais de sua vida, narrada pelos Evangelhos, que testemunham seu modo de rezar, sem excluir os outros momentos de sua vida de oração, ela reza como mulher profética do Magnificat; ela reza como mulher intercessora em uma festa de casamento; e reza como mãe da Igreja, fazendo-se presente no Cenáculo. Maria reza sempre, mas vamos destacar o momento em que rende graças a seu Senhor pela missão que recebeu dele, proclamando seu cântico ao Senhor Javé e suplicando pelas pessoas pobres e excluídas.

Maria reza no Magnificat - Este momento de oração, feito pela Virgem, dá-se pelo cântico de ação de graças que ela proclama com as palavras do Magnificat. É o espelho da alma de Maria. Sua oração é feita em sua visita missionária à casa de Isabel, que necessitava de ajuda pela vinda ao mundo do precursor do Messias, João Batista. O Messias já está presente e atuante no seio da Virgem que o concebeu. Por isso, ao ouvir a saudação de Maria, a criança estremece no ventre de Isabel, e ela fica repleta do Espírito Santo (Lc 1,41).

Maria faz uma oração dos tempos messiânicos, isto é, dos tempos em que a expectativa milenar dos patriarcas e das matriarcas converge com a expectativa do povo do tempo de Maria, no meio do qual ela é profetiza que prolonga a oração da Igreja inteira e de todos os tempos. Santo Irineu, doutor da Igreja, parece sugerir, quando escreve sobre o cântico de Maria, uma convergência com o júbilo de Abraão, que pressente o Messias (Jo 8,56). Maria reza também com sua intervenção nas bodas de Caná e seu compromisso de estar sempre do lado de quem precisa. Antecipa a "hora" de Jesus colocando-se do lado dos noivos (MC n. 18).

Maria reza nas bodas de Caná - Aqui Maria faz uma súplica delicada e confiante para prover uma necessidade temporal do momento. Nessa ocasião, ela faz uma constatação familiar óbvia: falta vinho para a festa. Faz um pedido ao filho para que venha em socorro. A constatação da mãe torna-se uma ordem para o filho, e a falta de vinho se resolve com esta frase da mãe: "Fazei tudo que Ele vos disser" (Jo 2,5).

Fazer o que Jesus ordena é trazer para o meio do povo o vinho novo, que é o próprio Jesus como Messias, o enviado do Pai. E Maria continua rezando depois que a "hora" de Jesus se realiza como o plano do Pai havia estabelecido. A Igreja também é Virgem dada à oração, porque apresenta ao Pai as necessidades de seus filhos e suas filhas e "louva ao Senhor sem cessar, intercedendo pela salvação de toda a humanidade" (*Sacrossanctum Concilium* n. 83). Maria continua rezando no tempo do Espírito que a coloca na Igreja Nascente.

Maria reza com os apóstolos e outras pessoas - Os Atos dos Apóstolos, escritos por Lucas, descrevem Maria, a mulher orante (At 1,12-14). É o único evangelista que coloca Maria no nascimento da Igreja pelo Espírito Santo. A mãe de Jesus é apresentada como que presidindo a oração dos Onze e das outras mulheres, suas companheiras e familiares de Jesus. Essa é a tradição artística que se inspira na descida do Espírito Santo em Pentecostes, que pinta Maria no centro dos apóstolos reunidos no Cenáculo, onde se dá a descida do Espírito Santo sobre os apóstolos, Maria, as outras mulheres e a família de Jesus (MC n. 18).

A figura de Maria, nesse contexto, evoca a presença contemplativa e atuante da Igreja, povoada por tantas pessoas cheias de fé e de entusiasmo, gente evangelizadora de hoje.

Presidir a oração comunitária e o serviço da mesa da Palavra é um espaço que as pessoas contemplativas e lutadoras de hoje estão ocupando cada vez com maior consciência do chamado do Senhor dirigido a elas. Ocupam esse espaço cada vez mais pela competência que lhes dá a natureza de sua consagração batismal e chamado para a missão. Dedicam tempo para sua formação com a finalidade de melhor servir o povo de Deus, a Igreja, a sociedade e o mundo todo. A construção do Reino é feita por todos esses evangelizadores, homens e mulheres que se abrem ao chamado do Senhor, respondem-lhe e por ele são enviados. Por isso Maria é fecunda.

Maria é a Virgem Mãe

A maternidade humana e divina de Maria é encontrada no longo parágrafo 19. Essa maternidade torna-a mãe de Deus na integridade de seu corpo e de sua alma; é uma maternidade virginal! A virgindade cristã, portanto, não é apenas reserva para Deus; é, principalmente, missão para a humanidade em nome de Deus. Por isso a virgindade cristã possui uma característica maternal; gera obras de serviço porque toma a forma do amor. Maria é ainda modelo de total disponibilidade e acolhida, diante dos apelos de Deus que se fazem ouvir na voz das massas empobrecidas e largadas à própria sorte.

A virgindade é, finalmente, obra do Espírito, que se espiritualiza em Maria e a natureza divina concretiza, na criação, a fecundidade da virgindade de Deus. Maria Virgem é sinal da virgindade de Deus, que, pela concepção de Jesus, se encontra com a virgindade humana. Assim como a virgindade de Deus é fonte de paternidade, de forma semelhante a virgindade de Maria se ordena à maternidade.

Leão Magno, em uma homilia natalícia, afirmava: "A origem que Cristo assumiu, no seio da Virgem Maria, coloca-o na fonte do batismo: conferiu à água aquilo que deu à Mãe; com efeito, a virtude do Altíssimo e a sombra do Espírito Santo (cf. Lc 1,35) fizeram com que Maria desse à luz o Salvador (...)"[32].

Maria oferente

O parágrafo 20 apresenta Maria que oferece não só a própria vida a Deus, mas também oferece seu próprio filho Jesus. O episódio da apresentação de Jesus ao Templo para ser consagrado ao Pai, como era costume consagrar o primogênito (Lc 2,22-35), inspirou e continua inspirando a reflexão teológica feita na ótica da mariologia para descobrir o sentido mais profundo da narrativa evangélica, que é penetrar o mistério de Cristo como Salvador em seus distintos aspectos.

Em primeiro lugar, Maria doa ao mundo o filho, que traz a universalidade da salvação, nas palavras de Simeão. Este dirige-se ao Menino como Luz, que ilumina as nações, e como glória de Israel, seu povo (cf. Lc 2,32). Depois, volta-se para Maria e lhe diz que esse filho será sinal de contradição e que uma espada lhe traspassará a alma (Lc 2,34-35). Entrevê-se, aqui, o mistério salvífico da cruz, que se verifica no alto do Calvário. A glória passa pela cruz.

Em segundo lugar, essa íntima união da mãe com o filho, na obra da redenção, perpetua-se como Memorial do Senhor na Páscoa da ressurreição e se atualiza em nossos dias sobre os altares em torno dos quais todo o Povo de Deus, presidido pelo ministro ordenado, participa como povo sacerdotal da vida plena da humanidade (MC n. 20).

---

[32] *Tractatus XXV In Nativitate Domini*, 5: CCL 138, p. 123; *S. Ch.*, 22 bis, p. 132. Ver também *Tractatus XXIX* In: *Nativitate Domini,* 1: CCL ibid., p. 147; *S. Ch.*, ibid., p. 178; Tractatus LXIII De *Passione Domini*, 6: CCL ibid., p. 386; *S. Ch.*, 74, p. 82.

Finalmente, essa interpretação teológica teve seu caminho ao longo do tempo, na Igreja. Dessa intuição temos um testemunho na oração de São Bernardo ao se dirigir diretamente a Maria com estas palavras: "Oferece, Virgem Santa, teu filho e apresenta ao Senhor o fruto de teu ventre. Sim! Oferece a hóstia santa e agradável a Deus, para a reconciliação de todos nós!"[33]

Maria mestra de vida espiritual

Podemos dizer que o parágrafo 21 interpreta Maria como a mulher que viveu a experiência do "faça-se em mim segundo a tua vontade" (Lc 1,38) e antecipa a oração do Pai-nosso, "seja feita a vossa vontade" (MC n. 6,10). A Igreja, como povo de Deus, procura traduzir as múltiplas relações que o povo estabelece com Maria quando descobre nela as atitudes que o emocionam. Essas emoções e esses desejos despertam o povo para uma profunda experiência de fé, criando atitudes de:

Veneração profunda, quando descobre Maria como a pessoa mais íntima de sua vida, companheira de estrada feita de passos sofridos de sua vida, atenta ao clamor de suas súplicas. O povo cria gestos genuínos de culto diante de sua imagem.

Invocação confiante, quando o povo experimenta a necessidade de ter em Nossa Senhora uma mãe a seu lado. Essa mãe viveu o exílio, a distância e a saudade de seu filho em sua vida pública. Quando o povo vive o sofrimento de tantas situações que o deixam impotente, Maria é a mulher que está junto dele para dar força e coragem.

Gratuidade no serviço, quando descobre que Maria se dispôs a assumir e viver como a serva humilde do Senhor, para participar com ele da longa história da salvação, que remiu todos os povos para que vivessem como irmãos.

---

[33] *In purificatione B. Mariae*, Sermo III, 2: PL, 183; 370.

Contemplação mística, quando o povo descobre Maria em sua coragem profética; quando Maria pede um futuro melhor para seu povo; quando o povo a contempla ao pé da cruz de seu filho Jesus, que paga pelo mal da humanidade; quando esteve de pé e pronta a participar das mesmas dores do filho. Quando, finalmente, mulheres e homens vislumbram Maria participar, plenamente, dos frutos do Mistério Pascal, pelo qual a Igreja deseja, até o dia em que, purificada de qualquer mancha ou ruga (Ef 2,27), se tornará como uma esposa adornada para seu esposo, Jesus Cristo (Ap 21,2). Essas são algumas atitudes que o povo contempla em Maria como mestra de vida espiritual e nas quais encontra as respostas que o Senhor Jesus dá a cada um de seus filhos e suas filhas ao longo dos tempos.

Para uma piedade mariana renovada

Esta parte orienta o magistério da Igreja e os fiéis com algumas notas características da espiritualidade e piedade popular em seu transfundo mariano. É o que vamos encontrar nos parágrafos 25 a 28. A Exortação Apostólica recomenda que se faça uma revisão das publicações de devoção, de piedade e outros, de acordo com o magistério e com abertura para receber a contribuição das legítimas instâncias das pessoas de nosso tempo. Os novos elementos incorporados nessas devoções e práticas de piedade são propostos à reflexão teológica e apresentados pelo magistério da Igreja.

Dentro desse contexto de renovação litúrgica do culto mariano na Igreja, são convocadas todas as pessoas de fé, de modo especial aquelas que são dadas à devoção e ao culto a Santíssima Virgem Maria, para que deem a toda expressão religiosa e de fé a Nossa Senhora a nota trinitária e cristológica, que lhes é intrínseca e essencial (MC n. 25 e 26). Nos números 27 e 28, chama atenção para o cuidado nas publicações de manuais e outros que abordem textos pouco claros e sem o devido fundamento bíblico teológico.

O Espírito Santo te cobrirá

Depois de aludir à orientação cristológica do culto mariano, recomenda-se dar adequado aprofundamento à pessoa de Maria e à obra do Espírito Santo. A reflexão teológica e a liturgia colocaram em destaque a ação santificadora do Espírito Santo sobre Maria de Nazaré. Assim, alguns Padres da Igreja e a teologia atribuíram à obra do Espírito Santo a santidade original de Maria, "como que plasmada e tornada uma nova criatura" (MC n. 26).

Ao Espírito Santo, por conseguinte, atribuíam a fé e a força que mantiveram a adesão de Maria de Nazaré à vontade de Deus e o vigor em que se apoiou sua "compaixão" aos pés da cruz[34]. Anotaram também, no cântico profético de Maria (Lc 1,46-55), um particular influxo daquele mesmo Espírito que havia falado pela boca dos profetas. E, ao considerarem, enfim, a presença da mãe de Jesus no Cenáculo, onde o Espírito desceu sobre a Igreja nascente (At 1,12-14;2,1-4), enriqueceram a teologia com novos desenvolvimentos, o tema da relação Maria-Igreja (MC n. 26).

Mas, sobretudo, recorreram à intercessão da Virgem Santíssima para obter do Espírito a capacidade de gerar Cristo na própria vida, como o atesta S. Ildefonso em uma oração que surpreende pela doutrina e pelo vigor suplicante: "Rogo-te, sim, rogo-te, Virgem Santa, que eu obtenha Jesus daquele Espírito, do qual tu mesma gerastes Jesus!

[34] Paulo Diácono, *Homilia I, In Assumptione B. Mariae Virginis*: PL 95, 15.4. Orígenes, In: *Lucam Homilia* VII, 3: PG 13,1817; *S. Ch.*, 87, p.156; S. Cirilo de Alexandria, *Commentarius in Aggaeum prophetam*, cap. XIX: PG 71, 1060.

Que a minha alma receba Jesus por esse mesmo Espírito, por quem a tua carne concebeu Jesus! (...) Que eu ame Jesus naquele mesmo Espírito, no qual tu o adoras como Senhor e o contemplas como Filho!"[35]

Para conhecermos qual a missão de Maria no mistério da Igreja e qual seu lugar na Comunhão dos Santos e das Santas (MC n. 28), o Concílio Vaticano II expôs os conceitos fundamentais sobre a natureza da Igreja, tais como: "Família de Deus", "Povo de Deus", "Reino de Deus", "Corpo Místico de Cristo" (LG n. 6, 7-8, 9-17), permitindo aos fiéis esse percurso mariano a partir da Igreja. Além disso, todos se sentirão irmãos e irmãs, porque são filhos e filhas da Igreja, visto que "do seu parto nascemos, com o seu leite somos alimentados e pelo seu Espírito somos vivificados".

Algumas orientações

Para que o culto dirigido à Virgem Maria torne explícito, seu intrínseco conteúdo eclesiológico precisa lançar mão também de uma força capaz de renovar formas e textos. Atendendo sempre às linhas do ensino conciliar (LG n. 66-69), devem-se ter presentes algumas orientações, de ordem bíblica, litúrgica, ecumênica e antropológica, para tornar mais vivo e mais sentido o vínculo que nos une à mãe de Cristo e mãe nossa, na Comunhão dos santos e das santas (MC n. 29).

Orientação de ordem bíblica

A necessidade de um cunho bíblico em toda a forma de culto é, hoje, princípio e fato reconhecido pela piedade cristã e pela piedade mariana. Não falemos de Maria nem a ela nos dirijamos, em nossos cultos de fé cristã e comunitária, sem antes partirmos

[35] *De virginitate perpetua sanctae Mariae*, cap. XII: PL. 96, 106.

da Sagrada Escritura. A Bíblia é nosso ponto de saída e de chegada para alimentarmos nosso amor para com Maria e o culto que a ela queremos prestar.

Desde o Gênesis até o Apocalipse, encontramos referências àquela que foi mãe e cooperadora da história da salvação. Na história da salvação, Maria teve uma função específica e própria, que comporta uma interpretação inteligível e adequada dos textos bíblicos para os dias de hoje. Nossas orações e os textos destinados ao canto devem se inspirar na Sagrada Escritura.

As fórmulas de oração e os textos destinados ao canto requerem, efetivamente, que assumam os termos e a inspiração da Bíblia. Exigem, sobretudo, que o culto à Virgem Santíssima seja permeado pelos grandes temas da mensagem cristã, a fim de que os féis, ao mesmo tempo que veneram aquela que é a Sede da Sabedoria, sejam também iluminados pela luz da Palavra divina. Só assim os textos bíblicos serão vividos na prática pastoral, porque aplicados à vida e levados a agir segundo a orientação do magistério sobre o Verbo encarnado (MC n. 30).

De ordem litúrgica

Recomenda-se a leitura completa do longo parágrafo 31, em que o documento se delonga em explicações e detalhes bastante práticos e adequados para nossos dias. É uma parte bem discursiva que passa longe de qualquer outro documento pontifício, pelo fato de ser uma Exortação de resgate da devoção e piedade marianas renovadas. Essa norma deve ser aplicada também no campo do culto à Virgem Santíssima, tão variado em suas expressões formais. Exige fé e esforço, da parte dos fiéis pastores e responsáveis pela liturgia das paróquias e comunidades de fé; exige tato pastoral e constância, sobretudo no que diz respeito à tradição cultural e religiosa, sem empobrecer a experiência de fé comunitária (MC n. 31).

Nada deve ser desprezado ou interrompido, nenhuma ação ou atitude pastoral evangelizadora pode se dar o direito de descuidar ou deixar de lado certas práticas de piedade. Nada pode criar vazios, mas, se isso acontecer, os vazios e as interrupções devem ser preenchidos de outra maneira, sempre de maneira respeitosa, pedagógica e bíblica.

A palavra substantiva *harmonia* e o verbo *harmonizar* são, frequentemente, repetidos ao longo de todo esse artigo 31 da *Marialis Cultus*. Trata-se de harmonizar elementos das práticas da piedade popular, de modo especial as de caráter mariano, com elementos do culto litúrgico, sem misturar o culto por excelência, que é a celebração do Memorial do Senhor, com novenas, rosário ou outras práticas piedosas e devocionais, que por sua vez também são válidas, mas feitas em outro momento.

Uma atuação pastoral esclarecida torna-se necessária e urgente: primeiro, para distinguir e acentuar a natureza própria dos atos litúrgicos; e segundo, para valorizar a piedade popular e adaptá-la às necessidades de cada comunidade eclesial, tornando-a uma preciosa auxiliar da liturgia de toda a Igreja (MC n. 31).

De ordem ecumênica

O ecumenismo se dá sobre a mesma plataforma cristã do catolicismo. Significa dizer que fazemos ecumenismo quando colocamos em comum com os irmãos e as irmãs de outras Igrejas Cristãs elementos da mesma verdade que professamos e testemunhamos de nossa fé. Nesse sentido, busca-se que Maria, a Filha de Sião, seja um ponto de unidade entre os cristãos de outras denominações. Com todos esses nossos irmãos e nossas irmãs, temos alta consideração e respeito e buscamos, nas Escrituras, os elementos comuns que nos aproximam, antes que aqueles que nos distanciam, sobretudo quando se trata dos textos escriturísticos que falam de Maria de Nazaré e das práticas de piedade nesses textos inspiradas (MC n. 32).

Atualmente, está em curso uma experiência de grande valor. É o "Grupo de Dombes", na França, fundado cerca de oito décadas, que reúne em torno de quarenta teólogos e teólogas católicos e protestantes. Eles buscam, apaixonadamente, a comunhão entre as Igrejas. As reflexões feitas durante esse tempo têm como objetivo levantar argumentos cruciais para o diálogo ecumênico em vários assuntos, um deles é Maria, mãe de Deus. Seu papel na história da salvação foi, sem dúvida, um argumento bastante controvertido. Mas a seriedade e a honestidade do trabalho desse Grupo testemunham que é possível uma leitura comum da história e da Sagrada Escritura. O Grupo se propõe a formular propostas para uma autêntica conversão eclesial, que leve à unidade.

De ordem antropológica

Diante das múltiplas questões levantadas pelas descobertas das Ciências humanas e das modernas concepções antropológicas em que a humanidade de nosso tempo vive e trabalha, o culto prestado a Maria parece estreitar os horizontes, sobretudo, da mulher que luta por uma participação igualitária em todas as dimensões da vida política, social, cultural, familiar e eclesial. A respeito, o documento de Paulo VI se pronuncia com profetismo.

Segundo ele, a Virgem Maria foi sempre proposta, pela Igreja, à imitação dos fiéis, não exatamente pelo tipo de vida que ela levou ou, menos ainda, por causa do ambiente sociocultural em que se desenrolou sua existência, hoje superado em quase toda a parte. Mas sim porque, nas condições concretas de sua vida, aderiu total e responsavelmente à vontade de Deus (Lc 1,38); porque soube acolher sua palavra e pô-la em prática; porque sua ação foi animada pela caridade e pelo espírito de serviço; e porque foi a primeira e fiel discípula de Cristo, o que naturalmente tem um valor exemplar universal e permanente (MC n. 36).

Percebe-se que o documento, ao constatar a longa história da piedade mariana, não se liga aos esquemas representativos das várias épocas culturais, nem às particulares concepções antropológicas que as caracterizam. Mas reconhece que muitas expressões de culto não mais são adaptadas às necessidades e aos desejos de muitas sociedades e culturas de nossos tempos.

Paulo VI propõe a Mulher do Magnificat como ícone para a mulher contemporânea. Esta busca uma figura de Maria evangélica e profética, busca a mulher eminente da condição feminina. Se Maria for assim concebida e cultuada pela mulher de hoje e por todas as pessoas de nossos dias:

- **Contemplarão** Maria como aquela que deu seu consentimento não para solucionar um problema contingente, mas para a obra dos *séculos*, como foi designada com justiça a encarnação do Verbo.
- **Dar-se-ão conta** de que a escolha do estado virginal não foi um ato de fechamento aos valores do estado matrimonial, mas constitui uma opção corajosa de total consagração à obra divina.
- **Verificarão** que Maria, longe de ser uma mulher passivamente submissa ou de uma religiosidade alienante, foi, sim, uma mulher que não duvidou em afirmar que Deus é vingador dos humildes e dos oprimidos e derrubou os poderosos do mundo de seus tronos.
- **Reconhecerão** que Maria é a primeira entre os humildes e os pobres do Senhor, uma Mulher forte que conheceu a pobreza e o sofrimento, a fuga e o exílio, situações que exigem energias libertadoras de toda pessoa e da sociedade.

- **Descobrirão** em Maria, finalmente, a mulher que favoreceu a fé da comunidade apostólica em Cristo (Jo 2,1-12) e sua maternidade se dilatou, vindo a assumir, no Calvário, dimensões universais (MC n. 37).

Neste parágrafo 37, Paulo VI, mais uma vez, resgata a humanidade de Maria e levanta as grandes questões do feminino – a teologia de hoje busca encontrar o significado do mistério da Encarnação do Verbo, que se dá em uma simples mulher do povo, Maria de Nazaré. O documento recomenda, ainda, que, ao lado do culto litúrgico, se leve em conta as propostas do Vaticano II.

Das formas múltiplas que evocam Maria como mãe de Deus e mãe da humanidade, o Espírito suscita a criatividade dos fiéis e lhes infunde sensibilidade espiritual para que respeitem as diferenças culturais e as tradições religiosas de cada povo. Na atualidade e levando em conta os avanços já feitos no modo de venerar e cultuar a mãe de Deus e de nossos povos, poderíamos acrescentar outras orientações do largo leque epistemológico, sobretudo, das Ciências Humanas e Sociais. Mas vamos nos aproximando da conclusão desse documento, sintetizando os longos parágrafos 56 a 58, precedida por algumas notas da piedade mariana.

Notas fundamentais da piedade mariana

A abertura a novas formas de piedade levou e está levando as comunidades de fé a substituírem elementos transitórios, aqueles que passam, para valorizar e dar espaço aos elementos perenes que podem constituir o fundamento bíblico, teológico e doutrinal da experiência de fé feita em comunidade. As novas práticas passam, então, a refletir a identificação que os povos têm com Maria, a partir de sua vida de fé e de sua prática pastoral (MC n. 24). É o Espírito Santo atuando no meio do povo.

Quando se afirma que Maria é a mulher inserida no mistério de Cristo, não se entende excluir sua relação com o Pai nem com o Espírito Santo. O documento fala da nota trinitária, cristológica e eclesial que o culto de Maria deve apresentar (MC n. 25) e, nesse mesmo culto, recomenda dar o adequado realce a um dado essencial da fé, que é a obra do Espírito Santo em Maria (MC n. 26).

Importa lembrar, ainda, que o culto à Virgem Santíssima tem raízes profundas na Palavra revelada e sólidos fundamentos dogmáticos que a cobrem da graça divina pela força do Espírito Santo. Por isso seu culto e sua invocação têm valor teológico, e sua eficácia pastoral renova os costumes cristãos e a torna próxima de toda a pessoa que a invoca com fé (MC n. 56).

Conclusão

A conclusão do documento fala da eficácia pastoral do culto a Maria, que desemboca em uma prática que constrói o Reino e renova os costumes cristãos, sobretudo para a humanidade de nossos tempos, que vive atormentada pela violência, pelas epidemias e pandemias, prostrada pelas próprias limitações, assaltada por aspirações sem limites, perturbada na mente e dividida em seu coração, suspensa diante do mistério da morte e, ao mesmo tempo, sedenta de comunhão, de participação e de solidariedade.

Dentro desse quadro, Maria é a figura mais terna e mais contemplada na realidade que ela já alcançou como membro vivo da Comunhão dos santos e das santas. Ela nos mostra um horizonte sereno e tem uma palavra que tranquiliza e dá segurança. É a palavra da vitória e da esperança sobre a angústia; da comunhão sobre a solidão; da paz sobre a perturbação e o medo; da alegria e da beleza sobre o tédio e a náusea; das perspectivas eternas sobre as temporais; e, enfim, da vida plena sobre a morte.

Por fim, a finalidade última do culto à mãe do Senhor é glorificar a Deus e levar os cristãos, homens e mulheres, a fazerem a vontade divina. Os filhos e as filhas da Igreja, na verdade, quando oferecerem culto e invocarem Maria, estarão seguindo Jesus em sua vida de pregação do Reino, apontado por sua discípula-mãe (MC 39).

Paulo VI conclui sua Exortação expressando sentimentos de alegria por haver tido a oportunidade de falar do culto devido a nossa mãe Maria Santíssima e incentiva todos os cristãos à confiança e à esperança de um mundo cada vez melhor. Finalmente, coloca a data deste documento com estes termos:

> *Dada em Roma, junto de São Pedro, no dia 2 de fevereiro, Festa da Apresentação do Senhor, do ano de 1974, décimo primeiro do Nosso Pontificado.*

3

Maria na Conferência do Rio de Janeiro (1955)

Essa primeira Conferência foi realizada na cidade capital do Brasil, Rio de Janeiro, em 1955, por ocasião do XXXVI Congresso Eucarístico Internacional. Não tivemos acesso ao material de fontes primárias, que poderia ser consultado para dar mais detalhes desse evento. O autor Geraldo Luiz Borges Hackmann, em um artigo publicado na Revista ATeo, set/dez/2017, fala que Maria, nessa Conferência, foi "apenas invocada, assim como em Medellín" – o que veremos adiante.

Pode-se dizer que o primeiro objetivo da Conferência foi a possibilidade de os bispos da América do Sul se encontrarem e fazerem a experiência de estarem juntos e trocarem ideias como pastores. Foi nessa ocasião que tomaram consciência de que o conceito de Igreja e de evangelização que tinham era reflexo da Igreja europeia e com a metodologia de evangelização também da Europa, lugar de onde vieram os primeiros missionários e missionárias para as terras deste Continente, ainda considerado terra de missão além-fronteiras da Europa.

A Conferência foi celebrada no pontificado de Pio XII e nas referências que há das várias publicações a que tivemos acesso, como de distintos historiadores, sociólogos e teólogos, destacam-se alguns fatos.

Os bispos presentes no Congresso Eucarístico Internacional decidiram criar a Conferência Episcopal Latino-americana e, hoje, caribenha, o CELAM. Um segundo fato que marcou a história de nossa Igreja foi a experiência dos bispos presentes, ao tomarem consciência da situação eclesiástica e eclesial dos diferentes povos do continente, com sua história, cultura, suas tradições religiosas e sua caminhada de fé, desde o descobrimento dessas terras abençoadas até os dias de hoje, e a continuidade de seu trabalho na evangelização de todo o Continente e o Caribe.

Pode-se afirmar que esse evento lançou as primeiras sementes das instâncias eclesiais, que têm como finalidade a organização evangelizadora e pastoral de cada país que constitui o extenso Continente latino do Sul. Hoje, somos povos conscientes de nossa comunhão com a Igreja e o bispo de Roma, com todas as Igrejas que nos ajudaram em nossa evangelização, quando ainda éramos mais Colônia que no presente, mas a caminho de nossa maturidade missionária.

4

Maria na Conferência de Medellín(1968)

Breve contexto sociopolítico

Com a Segunda Conferência de Medellín, realizada em 1968, revelam-se o carisma pastoral e a profecia de nossos bispos, que, calados e em atitude de discípulos na escola do Concílio Ecumênico Vaticano II, que teve seu início em 1962, sob o pontificado de João XXIII, agora, mostram-se audazes e corajosos ao se pronunciarem em favor de seus povos, por seus direitos humanos, para uma transformação radical e um novo jeito de viver e professar a própria fé da Igreja de Jesus Cristo.

O contexto político, social e religioso do Brasil, como de outros países da América Latina, era de ditadura, tempo considerado como "anos de chumbo" por muitos intelectuais, formadores de opinião, que falavam e escreviam em favor do povo silenciado por atos ditatoriais dos militares. Por meio dos bispos daquele tempo, a Igreja falava, publicamente, contra aquela situação desumana, de injustiça, falta de liberdade e de outros direitos fundamentais de todo povo livre.

Em tal contexto, os bispos diziam que não bastava falar, era preciso agir. Aquela era a hora da palavra, mas tornou-se, com dramática urgência, a hora da ação. Como o antigo povo de Israel, nós, o Novo povo de Deus, não podemos deixar de criar a passagem de condições menos humanas a condições mais humanas[36].

Ao apresentar a edição oficial do Documento final de Medellín, D. Avelar Brandão Vilela, presidente do CELAM, e D. Eduardo F. Pirônio, secretário-geral do CELAM, expressaram sua satisfação em entregar o Documento final como "fruto de um intenso trabalho realizado na fecunda intimidade do Senhor Jesus". Esse trabalho amadureceu nas jornadas fraternas de Medellín, em que o Espírito de Deus esteve presente e nos congregou em comunhão de Igreja. Nesse momento, suplicaram à Mãe de Deus:

> Julgamos que ali, com certeza, se viveu, em união com Maria, a Mãe do Senhor, um autêntico Pentecostes para a Igreja latino-americana. (DMd, Apresentação, p. 7)

Na Mensagem aos povos da América Latina, os bispos dessa Conferência dirigiram sua palavra como sinal de compromisso, incentivando o diálogo com os povos irmãos de outros Continentes, que se encontravam em situações semelhantes a nossas. Unidos pelos mesmos caminhos das dificuldades e esperanças, podemos construir que nossa presença no mundo seja definitiva para a paz. Em seu apelo final, os bispos assim se pronunciaram:

> Esperamos ser fiéis aos compromissos que contraímos nesses dias de reflexão e oração comunitária... Esperamos também ser ouvidos com compreensão e boa vontade por todos, homens e mulheres, com quem comungamos de um mesmo destino e mesma aspiração. Colocamos sob a proteção de Maria, Mãe da Igreja e padroeira das Américas, todo o nosso trabalho e esta mesma esperança, a fim de que se antecipe, entre nós, o Reino de Deus. (DMd, p. 40)

---

36 CELAM. *A Igreja na atual transformação da América Latina à luz do Concílio*, p. 41-42, parágrafos 3 e 6.

Na Introdução às conclusões do Documento, os bispos invocaram o Espírito Santo, para que nossos povos integrassem a escala de valores temporais na visão global da fé cristã, tomassem consciência da "vocação original" desse Continente, da "vocação de unir em uma síntese nova e genial, o antigo e o moderno, o espiritual e o temporal, o que outros nos legaram" e de unir a tudo isso nossa própria originalidade". Nesta Assembleia do Episcopado, renovou-se o mistério de Pentecostes, invocando Nossa Senhora:

> Em torno de Maria como Mãe da Igreja, que com seu patrocínio assistiu a este continente desde sua primeira evangelização, imploramos as luzes do Espírito Santo e, perseverando na oração, alimentamo-nos do pão da Palavra e da Eucaristia. Esta Palavra foi, intensamente, meditada. Nossa reflexão orientou-se para a busca de formas de presença intensa e renovada da Igreja, na atual transformação da América Latina. (DMd p. 7)

Nessa Conferência, Maria é citada e invocada pelos bispos e cardeais de Roma e alguns outros bispos e cardeais do CELAM.

A palavra do presidente do CELAM

O presidente, em 1968, era D. Avelar Brandão Vilela, tendo como secretário-geral D. Eduardo F. Pirônio. Eles apresentaram o documento final trazendo este título: "A Igreja na atual transformação da América Latina à luz do Concílio". D. Avelar e D. Pirônio elaboraram um texto que marca ainda hoje nossa história de fé cristã, com sua religiosidade e piedade mariana. Foram precedidos por outros dois presidentes, que colaboravam com nosso extenso continente, o Cardeal Landázuri Rikhetts e o Cardeal Antonio Samoré.

D. Avelar e D. Pirônio começaram por afirmar que era desejo de Paulo VI para a Igreja da América Latina "um novo período de sua vida eclesiástica". Paulo VI referia-se, expressamente, a três elementos fundantes da renovação integral dos povos da América do Sul no mundo. Falou, abertamente, de um período marcado por uma profunda renovação espiritual, por uma generosa caridade pastoral e por uma autêntica sensibilidade social. Para esse Papa, começava a se realizar a hora da esperança, a mesma esperança que acompanhou Jesus de Nazaré em sua pregação pelo Reino (DMd p. 6-7).

Dirigindo-se às Conferências Episcopais da América Latina, D. Avelar e D. Pirônio reconheceram que a todas animou o Espírito de Deus que impeliu a uma renovação profunda. A todas preocupou uma autêntica promoção humana. A todas interessou a tarefa essencial da evangelização e crescimento da fé. A todas urgiu uma revisão evangélica da Igreja visível e suas estruturas. A todas pervade o sentimento de que o laicato foi convocado, por vocação, a participar dessa profunda renovação da Igreja em seu todo (DMd p. 36-37).

Finalmente, na mensagem que os bispos fizeram ao povo brasileiro, manifestaram uma serena recepção de todas as orientações de Paulo VI, grande abertura ao chamado do Espírito para motivar todos na aplicação das decisões tomadas naquela Conferência e concluíram colocando todas as decisões tomadas sob a proteção de Maria, Mãe da Igreja:

> Colocamos sob a proteção de Maria, Mãe da Igreja e padroeira das Américas, todo o nosso trabalho e esta mesma esperança, a fim de que se antecipe entre nós o Reino de Deus. (DMd p. 40)

Essa foi a invocação mariana feita pelos próprios bispos em sua "Mensagem aos povos da América Latina" ao encerrar a Conferência de Medellín.

A Conferência de Medellín propriamente dita

Contexto da época

Os bispos começam a reconhecer que estão vivendo uma realidade eclesial que ainda reflete o conceito de Igreja europeu e assumem o compromisso de trabalhar para uma Igreja que deve ser suscitada no respeito às sementes do Verbo que já estão presentes nela, como fala a *Evangelii Nuntiandi* de Paulo VI[37]. Em um momento em que a situação política de vários países da América Latina vivia um sistema de governo ditatorial, o Brasil encontrava-se também na mesma condição. Os bispos se perguntavam: o que podemos esperar de um povo e de uma Igreja que não goza de sua liberdade para se expressar e como propor uma evangelização que leve nossos povos à liberdade suscitada pelo Espírito?

Sem a menor dúvida, pode-se afirmar que os pastores de todas as Conferências Episcopais desse Continente sentem-se impelidos pelo Espírito a darem prioridade a reacender a esperança, a justiça e a dignidade humana, em um contexto de um tempo conturbado de temores, tempestades que nos rodeiam e nos assaltam[38]. Nesse contexto, são elaboradas as grandes temáticas de Medellín à luz do Vaticano II.

A grande temática que encabeça a Conferência de Medellín é a "Promoção Humana" à luz da fé cristã. Com o objetivo de

---

[37] PAULO VI. *Exortação Apostólica Evangelii Nuntiandi sobre a Evangelização no mundo contemporâneo*, n. 18.

[38] Discurso de Abertura de Dom Avelar Brandão Vilela, In: CELAM. *Conclusões de Medellín*, p. 30: nesse discurso de abertura cita a Mensagem de Paulo VI aos pastores do Continente com estas palavras: "Os pastores fazem suas as ansiedades das populações e se dão conta da instabilidade que a todos nos ameaça. O santo Padre sente a tempestade que nos rodeia e nos assalta".

uma mudança para novos tempos, são priorizados os seguintes temas:

- O tema da Justiça com suas projeções pastorais e reforma da política.
- O tema da Paz em sua concepção cristã e as tensões entre classes sociais dentro e fora do Continente.
- O tema da Família e a demografia sem planejamento familiar.
- O campo da Educação em seu sentido humanista, libertador e cristão.

O Documento conclui com o tema da Juventude, que será sempre atual como todos os outros e ao mesmo tempo transitório, não como ação pastoral da Igreja, mas como parte elaborada em suas grandes linhas de orientação para uma ação pastoral constante, dentro e fora de uma Igreja em mudança.

Todos esses temas são largamente discutidos e preparados para receber uma linha pastoral adequada a nossos povos e redigida à luz das orientações de todos os documentos publicados pelo Concílio Ecumênico Vaticano II. Nossos bispos tomam conta da tribuna da Conferência, cada um para defender seu povo e para todos os povos viverem tendo seus direitos humanos respeitados e a justiça social chegando a todos.

Porquanto diz respeito à piedade popular mariana, pouco temos a concluir dessa Conferência. Constatamos que o povo latino-americano tem Maria gravada em seu coração como a Mãe que trouxe o anúncio do Filho para seus filhos e suas filhas do extenso Continente. A experiência de fé de nossos povos e sua devoção mariana independe de se escrever sobre Maria de Nazaré, a Nossa Senhora dos mil nomes, antes, senti-la perto e junto do povo em seus passos rumo à Casa do Pai.

As urgentes exigências do momento levaram o episcopado a considerar situações do mais alto clamor de todos e de todas. A devoção mariana do Continente tem seu ponto de origem nos primórdios da colonização, seja portuguesa, seja espanhola. Demos prioridade à recepção das palavras de Paulo VI que refletiam sobre as orientações do Vaticano II, a partir de seus documentos, adequados à realidade. Faremos referência à piedade popular mariana nas demais Conferências, adiante.

Citações e invocações referentes à religiosidade popular e à devoção mariana, assim como o culto e a veneração que os povos prestam a seus santos e suas santas, seja das próprias tradições religiosas, seja das que foram trazidas no processo da colonização, surgiram no momento histórico de Medellín, mas outras situações do povo pediam maior atenção dos bispos. O objetivo primeiro era a necessidade de transformar as condições de vida de todos e rever as estruturas eclesiásticas, isso era premente.

Na aplicação das orientações refletidas, discutidas e assumidas pelas Conferências de cada país, Medellín foi o documento que deu todo o espaço à prática das orientações do Vaticano II em nossa realidade continental. Muitos bispos, abertos ao Concílio, levaram suas dioceses e comunidades de fé a renovarem suas concepções de Igreja e adotarem um novo método de trabalho de evangelização e pastoral.

O método, que continua sendo aplicado em nossa realidade, é o mesmo: ver o contexto de nossa vida; julgar tal contexto com os critérios da fé no Cristo, que viveu entre nós e glorioso nos acompanha nesta missão; agir e celebrar as descobertas das grandes necessidades básicas que reclamam por uma transformação e mudança radical de cada diocese com suas paróquias.

Com essa afirmação queremos dizer, em síntese, que esse foi o método aplicado a cada parte do Documento de Puebla, onze anos depois de Medellín. Essas grandes partes serão elencadas e estudadas a seguir com a prioridade dada ao breve "tratado" de teologia mariana que foi assumido por todas as Conferências Episcopais, que participaram do CELAM realizado em Puebla (1979), com a presença de João Paulo II.

5

Maria na Conferência de Puebla (1979)

Introdução

A Conferência de Puebla foi realizada em 1979, com a presença de D. João Paulo II; naquele tempo ainda estávamos em um contexto de ditadura militar. O Documento é apresentado em cinco partes, que resumem a grande visão evangelizadora e pastoral de nossos pastores, à luz da fé no Filho de Deus, como Homem e como o Cristo Glorioso e vivo no meio de nós. O método ver-julgar-agir foi o grande motor que ajudou nas conclusões. Com o evento do Vaticano II, que encontrou, na celebração da Conferência Episcopal de Medellín sua adequada aplicação a nossa realidade, reconfirma-se a missão fundamental da Igreja de evangelizar. Nesse contexto, a evangelização se confunde com as origens históricas que ainda marcam nossas terras e sua primeira colonização.

Tal processo resultou no esforço missionário de todo o povo de Deus, momento em que se fez memória das grandes figuras de missionários, santos e santas que vieram anunciar a Palavra de Deus, com inventiva pedagógica, com capacidade evangelizadora e pastoral do tempo. O passado cultural, artístico e religioso podemos identificar por meio dos recursos empregados na arte, na música, no canto, na dança, na arquitetura, no teatro e, sobretudo, na reunião costumeira das famílias e dos núcleos rurais em torno da pequena Santa, Nossa Senhora.

As festas religiosas dos santos e das santas padroeiros, que tinham como objetivo proteger as populações, eram preparadas com longas ladainhas, novenas e orações feitas por todos. Apresenta-se, a seguir, o contexto de todas as partes em que o Documento de Puebla foi publicado.

Contexto da Primeira Parte

A primeira parte trata de ver a realidade como realmente ela é. Ver suas tendências atuais interpretadas no sentido de situar nossa evangelização em continuidade com a que foi realizada nos últimos cinco séculos; tais fundamentos ainda perduram, após ter dado origem a um radical substrato católico em todo o Continente[39].

Nessa primeira parte, a devoção mariana não está expressamente desenvolvida e elaborada. No entanto irrompe a mentalidade de dar à devoção mariana, que se encontra na religiosidade popular, uma revalorização que exprima a identidade religiosa católica do povo. A teologia e os bispos presentes nessa Conferência chegam a confirmar que a religiosidade popular pode ser um lugar privilegiado da evangelização, afirmação retomada pelos bispos quase três décadas depois, em Aparecida, SP, exatamente em 2007.

O ponto positivo que emerge na abertura do Documento é que o povo, e não outras categorias sociais, emerge como sujeito da história cristã em nosso Continente. Pois é nessa realidade que ele atua como evangelizador um do outro, de si mesmo e como incentivador de fazer uma síntese nova e genial daquilo que os outros nos legaram, para encontrar e reconstruir nossa própria originalidade[40].

---

[39] CELAM. *Conclusões da Conferência de Puebla*, parágrafo 1.

[40] CELAM. *Conclusões de Medellín*. Introdução, p. 7-8.

A presença da devoção mariana sempre esteve intimamente ligada ao anúncio da Palavra feita pelos missionários e pelas missionárias, seja pelos serviços de natureza social que organizavam, como meio de implantação da Igreja em terras desconhecidas, seja como expressão das tradições religiosas, que cada cultura conservava e vivia. A palavra do Evangelho chegava junto a essas populações amalgamada com a cultura, as tradições religiosas e tudo o que caracterizava a originalidade desses povos. O processo de evangelização devia encontrar modo e modos de encarnar a Palavra do Verbo.

Essa tomada de consciência histórica volta-se para o passado para examiná-lo, ver, com alegria, a obra realizada com tanta generosidade a todos quantos traçaram os sulcos do Evangelho no Continente, com sua presença e atuação nas culturas portuguesa, espanhola, indígena e afro, sobretudo. Não só, mas esses sulcos trouxeram junto à mãe de Deus uma marca própria de cada cultura. Ainda que invocada e conhecida com outros nomes, que não os que vinham do continente europeu, ela atravessou os séculos e foi sempre mais se aperfeiçoando nas expressões originárias da fé cristã, traços que ainda persistem nos dias de hoje. Dentro desse contexto, houve avanços no sentido de que a reflexão teológica feita na perspectiva da piedade popular mariana foi e está sendo interpretada com o resgate de muitos elementos de fé comuns ao Cristianismo católico.

Contexto da Segunda Parte

A segunda parte é a mais longa e aprofundada teologicamente. Reflete sobre os desígnios de Deus sobre essa realidade, com sua esmerada atenção ao conteúdo da evangelização como a Revelação de Deus acolhida na fé e seu projeto sobre Jesus, seu Filho, sobre a Igreja Povo e sobre a humanidade. Essa orientação foi dada por João Paulo II em seu discurso programático.

Uma vez que se considerou a realidade social e pastoral na primeira parte, "ver", nessa segunda parte, "julgar", buscou-se descobrir os desajustes que não funcionam para a missão da Igreja e seus acertos, para serem reforçados e postos em prática. A Igreja sempre foi colocada no contexto do povo de Deus, sob a orientação de seus pastores, a serviço da comunhão participação. Dentro dessa concepção, a Igreja é sinal de unidade, mãe fecunda que gera filhos e filhas para o Corpo Místico de Cristo na fonte do batismo.

Reconhecemos, como já falamos, que a parte teológica do Documento não teve avanços em uma teologia própria do Concílio Vaticano II. Mas a teologia que fundamenta as práticas devocionais da piedade popular, o culto e a veneração a Maria histórica e a Maria da fé tiveram avanço considerável, como iremos ver nos parágrafos dedicados a ela, até mesmo em seus detalhes de vida cotidiana e sua atenção a seu filho. Os traços da Maria histórica são apresentados no transfundo do capítulo VIII da LG e também na Exortação Apostólica de Paulo VI de 1974, a *Marialis cultus*.

Porquanto diz respeito à eclesiologia, o título dado à Igreja como "Povo de Deus" foi a concepção que levou nossos povos a se sentirem parte significativa de uma Igreja de iguais e todos e todas responsáveis por uma missão recebida no batismo e testemunhada no meio do mundo. Todos podem inspirar novos tipos de vida cristã e suscitar mulheres e homens capazes de transformar o mundo, a sociedade e a própria Igreja com seu testemunho de fé.

Em tudo isso, a Maria da fé sempre esteve junto do povo, como mãe que dá segurança, companheira nas lutas de seu povo, consolo em suas queixas e seus pedidos de "milagres" nas coisas urgentes da vida e esteve próxima como mestra do bem e do evangelho que narra a vida histórica de seu filho, Jesus.

Contexto da Terceira Parte

Nessa parte, afirma-se o eixo central da evangelização intitulada "Comunhão e Participação" de todas as categorias sociais e eclesiais abertas à sociedade do tempo, por meio do diálogo e no respeito às diferentes manifestações da fé e da piedade popular mariana. Insere-se, aqui, o esboço para uma teologia mariana, dentro da única e grande teologia mariana da devoção e do culto da Igreja.

Nossos povos têm conhecimento dos Documentos publicados nas primeiras décadas após o Vaticano II, publicações que continuam sendo estudadas, progressivamente, em nossos dias, com boa recepção. As orientações e o incentivo dessas publicações nos levaram para perto da bíblia e da teologia, que nos ajudam a dar fundamentos para a piedade popular como um todo e para a devoção mariana também. Essa pode ser um lugar a partir do qual a evangelização se direcione sempre mais ao ponto central de nossa fé, que é o Jesus da história e o Cristo ressuscitado[41].

Por fim, o Documento envia a Igreja toda para a missão *ad gentes,* decisão fundante de que o Documento de Puebla perpassará as décadas e os séculos da experiência de fé de nossos povos. Termina com uma afirmação profética e universal para a Igreja do extenso Continente e do mundo. Com a audácia da fé, os bispos, reunidos nessa Conferência, pronunciaram-se com estas palavras: "Finalmente, chegou para a América Latina a hora de intensificar os serviços recíprocos entre as igrejas

[41] CONGREGAÇÃO PARA A EDUCAÇÃO CATÓLICA. *A Virgem Maria na formação intelectual e espiritual*: Roma, 25 de março de 1987.

particulares e de estas se projetarem para além de suas próprias fronteiras, ad gentes (...). Podemos oferecer a riqueza da piedade popular, as experiências das Comunidades Eclesiais e das novas Comunidades laicais, a floração de seus ministérios, sua esperança e a alegria de sua fé" (DPb n. 368).

Nossos povos gostam de festas, os olhos brilham quando se fala de encontros da comunidade, em que se conhecem novas pessoas, conversa-se de tudo, trocam-se experiências, degustando a comida típica de cada cultura. Vivem uma fé alegre, afetiva e comprometida, como povo de Deus, que é membro de uma Igreja, que tem suas peculiaridades históricas, religiosas e culturais e se entende como Igreja universal.

Contexto da Quarta Parte

A quarta parte do Documento desponta com uma Igreja missionária a serviço da evangelização, reafirmando a opção preferencial e evangélica pelos pobres desde Medellín, que deu prioridade aos empobrecidos, aos jovens, e por um laicato construtor da sociedade e participativo, na autonomia que lhe é própria como leigo batizado. Nessa parte, a Igreja clama por justiça e libertação integral das condições sociopolíticas, econômicas e culturais de todas as categorias sociais a que se dirige. Percebe-se que a Conferência de Puebla volta a assumir, com renovada esperança, na força no Espírito Santo, a profética Conferência de Medellín. Para todas as categorias sociais, a reflexão doutrinal dos bispos coloca em evidência o seguimento do Jesus histórico, que teve como projeto primeiro evangelizar os pobres, porque deles é o Reino de Deus.

Por fim, os bispos exortam os cristãos para o diálogo com todas as pessoas do pensamento e da ciência, como os cientistas e formadores de opinião, os operários e os camponeses, os criadores em arte e os juristas e a sociedade econômica. São relacionados os intelectuais até os camponeses, operários e funcionários, para que se empenhem em criar a sociedade plural nos ditames do respeito às diferenças e na humana fraternidade universal para a justiça e a paz.

Contexto da Quinta Parte

Nessa parte, os bispos recolhem as opções pastorais já delineadas ao longo de todo o documento. Todas as partes elaboradas foram vistas na análise de sua realidade, seja em seus pontos negativos, seja nos positivos, refletidas e votadas sob o dinamismo do Espírito, porque se trata de fazer opções pastorais acertadas e impulsionadas pelo Espírito Santo.

A primeira opção irrompe de nosso testemunho de sermos comunidades que vivem a comunhão da Trindade Santa e sejam sinais da presença de Cristo morto e ressuscitado, que reconcilia a humanidade com o Pai, os homens e as mulheres entre si e o mundo com seu Criador, "a fim de que Deus seja tudo em todos" (1Cor 15,28).

A Conferência relaciona os sinais de esperança existentes em nossos povos e sua vitalidade evangelizadora em todo o Continente. Dentre os vários sinais que são relacionados, Maria é uma inspiração e exemplo a seguir, na busca de oração e contemplação: "A sede de Deus do povo e a sua procura na oração e contemplação, Maria de Nazaré é colocada como a mulher que guardava em seu coração as palavras e os atos de seu Filho Jesus" (DPb n. 1309).

Tais aspectos são sinais de esperança e alegria de quem vive imerso no mistério pascal de Cristo e tem consciência de seu compromisso de viver e anunciar as palavras e os feitos de Jesus em sua vida pública, como ele o fez. Só Jesus nos dá a autêntica e total libertação e só em Cristo encontramos a salvação e a alegria perfeita (Jo 17,13).

A devoção e o culto a Maria em Puebla

Apesar de nossa afirmação anterior, de que não houve avanços na teologia de Puebla a partir do Vaticano II, aqui me reporto ao que já expus no contexto da segunda parte do Documento, mencionando os avanços na teologia que fundamenta as práticas devocionais da piedade popular – o culto e a veneração a Maria histórica e a Maria da fé tiveram avanço considerável.

No discurso de abertura da Terceira Conferência de Puebla, João Paulo II fala de Nossa Senhora de Guadalupe, venerada em todos os países do Continente latino-americano, com um pronunciamento de grande alcance teológico na perspectiva da devoção e do culto mariano. Esse pronunciamento continua tendo alcance significativo porque é atual também em nossos dias.

Ao concluir sua mensagem, invoca a proteção da mãe de Deus sobre os trabalhos da Assembleia e interpreta esse fato sendo fonte de esperança para toda a América Latina.

"Que ela alcance de seu divino Filho para vós audácia dos profetas, clarividência de mestres, e seguranças de guias e orientadores; força de ânimo como testemunhas e serenidade, ciência e mansidão" (DPb Conclusão: p. 4, p. 31).

Nossos bispos propõem Maria como mãe de Deus, modelo da Igreja e como mulher que precede o serviço eclesial de nossos povos. Na segunda parte do Documento, encontram-se as orientações para a evangelização inspirada em Maria, dentro do título: "Desígnio de Deus sobre a realidade da América Latina", com o subtítulo "Maria, Mãe e modelo da Igreja". São 22 parágrafos, de 282 a 303, e foi esse o documento que mais se estendeu ao falar de Maria de Nazaré, a Nossa Senhora invocada e cultuada por nossos povos.

Maria mãe e modelo

Este parágrafo do Documento de Puebla (DPb), o 282, guarda o sentido profundo de comunhão na unidade e na diversidade de dons, enquanto Maria é o grande sinal da proximidade do Pai e de Cristo, com quem nos convida a entrar em comunhão. Sentir-se em família toma a vida cotidiana de nossa gente, que reconhece, na Igreja, a família que tem por mãe a mãe de Deus.

Maria é mãe, porque é mãe de Jesus, nosso irmão primogênito, que nos adotou como irmãos e irmãs, por sermos filhos e filhas de Deus. Maria é mãe, porque participa do nascimento de filhos e filhas que, pelo batismo, entram a fazer parte como membros da Igreja. Maria é mãe, sobretudo, porque a Igreja é uma família que tem Pai e tem mãe a quem recorrer quando nossos povos se sentem sozinhos nas encruzilhadas da vida.

Maria é mãe, porque é parte integrante da história dos missionários e das missionárias que vieram para este Continente, em nome de Deus, pregar o Evangelho de Cristo. Esse se misturou com a cultura encontrada aqui, e esta com a cultura vinda da Europa. Os Centros Missionários da época determinavam as normas a serem aplicadas no cotidiano de cada família que formava o centro missionário, com homens e mulheres indígenas e homens e mulheres da África, comandados pelos homens brancos. Enfim, Maria é mãe na figura das capelinhas que vão de casa em casa, em torno das quais a vizinhança se reúne para rezar e fortificar as sementes semeadas da fé e da esperança.

Jesus é modelo por excelência – Maria participa desse modelo como mulher –, como filho de Deus encarnado. Jesus veio morar no meio de nós para nos mostrar o rosto do Pai. A Maria apresentada por esse Documento é modelo no sentido de que nela resplandece aquilo que somos no coração de Deus, em seu projeto de salvação e de santidade e aquilo que seremos no fim de nossa vida terrena em direção à casa do Pai[42]. O Concílio Ecumênico Vaticano II sintetiza Maria como modelo de cada pessoa e da Igreja ao elaborar o parágrafo 64 da Lumen Gentium; nele, Maria é configurada modelo, à luz de Cristo, que, completando a revelação, se constitui parâmetro daquelas virtudes das quais Maria é considerada espelho (LG n. 64).

Maria é modelo no sentido de ser proposta, no anúncio do evangelho, como a realização alta do seguimento de Jesus. Pode-se acrescentar, ainda, que é modelo enquanto se inspira na Palavra, rumina em seu interior essa Palavra e a testemunha em sua atitude e em suas palavras, como em seu "sim", com seu filho no meio dos doutores, nas Bodas de Caná e em muitos episódios da vida pública de seu filho.

Os ensinamentos do evangelho e de sua Igreja, da qual a mãe do Senhor é membra, aponta para a família de fé, que vai além de seus laços biológicos. Por esse motivo, o Documento fala que Maria é mãe, modelo e imagem da Igreja (DPb n. 285). Falar de Maria como mãe e modelo da Igreja significa representar a natureza sempre nova e rompante da Revelação e sua universalidade[43].

> 282. Em nossos povos, o evangelho tem sido anunciado, apresentando a Virgem Maria como sua realização mais alta. Maria foi também a voz que deu impulso à união da humanidade e dos povos. Como em Guadalupe, os outros santuários marianos do Continente são sinais do encontro da fé da Igreja com a história latino-americana. (DPb n. 282)

[42] GROSSO, G. *Com Maria Figlia di Sion*, p. 145.

[43] DOCUMENTO do Congresso Internacional da Pontifícia Academia Mariológica Internacional (PAMI) *Madre del Signore*, 2004.

No contexto de mãe e modelo da Igreja, irrompe a santa mãe de Deus com o título de Nossa Senhora de Guadalupe, como o grande sinal que se manifesta ao índio, Juan Diego, que representava os habitantes desse extenso Continente do sul das Américas. A ele foi manifestada a comunhão com todos os povos aqui existentes, desde o início de uma história de aproximação e solidariedade, que continua sendo projeto divino até os dias de hoje.

A presença de Maria no anúncio do evangelho foi um marco histórico de união dos vários e ricos povos aqui existentes com a fé da Igreja, que aos poucos ia sendo passada de geração em geração. Paulo VI, em sua Exortação Apostólica *Marialis cultus*, aponta as luzes da herança católica do continente, a fé de nossos povos e os ganhos que, ao longo dos séculos, se podem tirar dessa herança.

A piedade popular para com a mãe do Senhor constitui um excelente testemunho de sua norma de oração e um convite a sempre reanimá-la em suas raízes profundas da Palavra revelada. A mãe de Deus foi isenta de todo o pecado sem deixar de ser de nossa estirpe, verdadeira filha de Adão e Eva e nossa verdadeira irmã, que compartilhou conosco a condição de sofrimento e de fecundidade (MC n. 56). Encontramos essa afirmação nos números que seguem.

> 283. Paulo VI afirmou que a devoção a Maria é um elemento "qualificador" e "intrínseco" da "genuína piedade da Igreja" e do "culto cristão". Isto é, uma experiência vital e histórica da América Latina. Esta experiência, reafirma-o João Paulo II, quando diz que o culto a Maria pertence à íntima "identidade própria destes povos". (João Paulo II, Zapopán 2) (DPb n. 283)

O parágrafo 284 concentra, na piedade mariana popular, a fidelidade do povo à fé da Igreja. Este se manteve fiel à Igreja como a Casa da mãe, de modo especial com as capelinhas de Nossa Senhora que andavam de mão e mão e entravam nas casas, onde todos faziam suas devoções, rezavam o terço, cantavam os louvores à Virgem com cantilenas das repetidas ladainhas. A Virgem Santa integra os fatos e os feitos dessas longas rezas e súplicas feitas à Senhora dos muitos nomes.

Na falta do padre, do missionário ou da missionária, os leigos e as leigas, pessoas corajosas e consideradas competentes, assumiam com galhardia a coordenação da reza e dos avisos no fim de cada encontro. Eram momentos e tempos em que as pessoas refrescavam sua memória, seja da pátria, como as pessoas vindas da África, seja da cultura, como os indígenas que haviam deixado suas tradições e seus costumes, com suas ocas e seu legado ancestral (DPb n. 284).

No meio de tudo isso, não se pode excluir o fato de que deve ter sido doloroso também para os missionários brancos e as missionárias que vieram para um mundo sem progresso, sem cultura, no sentido europeu, tantas vezes sem a família de sangue, para viverem e trabalharem em uma terra tão estranha em tudo. Era um momento de todos encontrarem na Virgem Santa um ponto de referência que dava sentido a sua vida, porque a mãe de Deus e nossa apontava para um ponto de luz mais forte: Jesus, que esteve nesta terra, e Deus Pai, que enviou seu Filho para morar conosco pelo Espírito Santo.

A oração à Virgem Santa tornava-se um momento em que todos se misturavam e eram levados à contemplação de uma realidade com caminhos equivocados, em que a emoção, a saudade, o desejo e as lágrimas enxugavam o suor de cada pessoa. Muito mais do que isso, encontravam uma mãe que os consolava e lhes dava sentido de viver e trabalhar longe da pátria.

Sobressai, dos parágrafos 283 a 285, a história da evangelização dos primórdios das terras do Continente. Em primeiro lugar, a Senhora de Guadalupe (1531), invocada como mãe e como sinal do rosto materno e misericordioso do Pai e de Cristo, com quem vive sua proximidade e nos convida entrar em comunhão. A Mãe de Guadalupe se faz ouvir na voz que deu impulso à voz de nossos povos calados, para que fossem ouvidos pela cultura que lhes era imposta. Ela é encontrada em outros santuários marianos do Continente. Constrói a história latino-americana e caribenha no encontro da fé com a realidade eclesial da evangelização do momento que, sem a presença do padre, conservou a fé popular, presente também em nossos dias.

Em segundo lugar, o fundamento dessas afirmações o encontramos nos discursos de abertura do CELAM, quando Paulo VI e João Paulo II afirmaram que a devoção mariana, em nosso Continente, criou e continua criando a história da fé de nossos povos como um elemento qualificador da genuína piedade da Igreja e do culto cristão[44]. João Paulo II reafirmou a mesma concepção histórico-mariana ao falar que a devoção a Maria pertence à íntima identidade dos povos latinos do Sul.

Pode-se falar de outro elemento histórico da devoção mariana: é o vínculo resistente que mantém as pessoas fiéis à Igreja[45]. Puebla nos dá entender da falta de sacerdotes nas áreas carentes, onde só as capelinhas de Nossa Senhora passavam nas casas e as pessoas se reuniam para rezarem, cantarem e se encontrarem. Costume que ainda hoje se reflete em várias regiões dos países em que falta uma evangelização adequada (DPb n. 274-275).

---

[44] PAULO VI. *Exortação apostólica sobre o culto à bem-aventurada Virgem Maria*, parágrafo 56.

[45] CELAM. *Conclusões da Conferência de Puebla.* A evangelização no presente e o futuro da América Latina.

Maria mãe da Igreja

No parágrafo 286, destaca-se a afirmação de Paulo VI que coloca Maria como parte do cristianismo porque a piedade do povo de dirigir-se à mãe brota da fé no Espírito Santo, que, como Mestre, ilumina e instrui a Igreja em todos os seus passos em direção à Casa do Pai. A Igreja somos cada um e cada uma de nós. Maria é mãe da Igreja porque foi associada como a humilde serva do Senhor. Concebendo Cristo, gerando-o, nutrindo-o, apresentando-o ao Pai no Templo, sofrendo com seu filho moribundo na cruz, ela cooperou, de modo todo especial, com a obra da redenção... para restaurar a vida sobrenatural das pessoas. Por isso Maria se tornou, para nós, mãe na ordem da graça[46].

> 286. A Igreja, "instruída pelo Espírito Santo, venera Maria como mãe muito amada, com afeto de piedade filial" (LG 13). Foi nessa fé que o papa Paulo VI quis proclamar Maria "Mãe da Igreja". (DPb n. 286)

O parágrafo seguinte, 287, enfatiza Maria no mistério da Encarnação com a força da Palavra que se faz presente no meio de nós. Deus se fez carne por meio de Maria, significa entrar na experiência de fé que Maria fez no mistério da encarnação. Desse mistério podemos tirar as consequências da natureza humana e os valores de um cristianismo vivido na fé que Maria nos testemunhou como seguidora de seu filho. Não só, mas também a coloca como pessoa humana e mulher de fé, diante de seu filho agonizante ao pé da cruz, momento único do nascimento da Igreja. Maria foi a primeira redimida, isenta de pecado e colaborou com o filho nessa misteriosa redenção.

[46] ALLIOTA, M. *Memorie conciliare: Le scelte del Vaticano II*, p. 205.

Portanto a Igreja convida, continuamente, a cada um e a cada uma a se colocar sob seus cuidados maternos, pois, além de mãe, Maria é também tipo de Igreja no sentido místico, isto é, foi a discípula perfeita que levou à plenitude o seguimento de Cristo, podendo a Igreja Povo espelhar-se nela.

> 287. Foi-nos revelada a fecundidade maravilhosa de Maria. Ela torna-se Mãe de Deus, Mãe do Cristo histórico, no Fiat da anunciação, quando o Espírito Santo a cobre com sua sombra. É Mãe da Igreja porque é Mãe de Cristo, é membro do Corpo Místico. Além disso, é nossa Mãe "por ter cooperado com seu amor" (LG 53), quando, do coração transpassado de Cristo, nascia a família dos redimidos; "por isso é nossa Mãe na ordem da graça" (LG 61). É a vida de Cristo que irrompe vitoriosa em Pentecostes, onde Maria implorou, para a Igreja, o Espírito Santo Vivificador. (DPb n. 287)

No parágrafo 288, nós todos, como pessoas evangelizadoras, somos convocadas a fazer a experiência de fé que Maria fez, a experiência sob a luz do Espírito Santo, que chega ao interior de cada um e de cada uma. A teologia interpreta que, em todas as manifestações de fé das diferentes culturas dos povos, estas são importantes a partir do momento em que a comunidade de fé toma consciência de que o Mistério divino chega até nós e nos envolve. Esse envolvimento se dá por intermédio de uma mulher de fé e que, pela força de sua fé, testemunhada nas palavras que ela mesma diz, torna-se não só a mãe de Deus, mas também a mãe da humanidade que nela confia.

A grande Tradição da Igreja interpreta, por meio de sua pregação e catequese, a presença espiritual de Maria junto a seu povo. O parágrafo cita a *Evangelii nuntiadi,* quando fala do verdadeiro renascimento da humanidade a partir de dentro. A finalidade da evangelização é essa mudança interior, ou seja, a Igreja evangeliza quando, unicamente, é ancorada na graça divina da mensagem proclamada (Rm 1,16).

> 288. A Igreja, pela evangelização, gera novos filhos, hoje. Esse processo que consiste em "transformar a partir de dentro ", em "renovar a própria humanidade" (EN 18) é um verdadeiro renascimento. Neste parto, sempre renovado, Maria é nossa Mãe. Ela, gloriosa no céu, atua na terra. Participando do domínio do Cristo ressuscitado, "cuida com amor materno dos irmãos de seu filho, que ainda peregrinam" (LG 62); seu grande cuidado é este: que os cristãos "tenham vida abundante (cf. MC 56) e cheguem à maturidade da plenitude de Cristo". (DPb n. 288)

No breve parágrafo 289, Maria é proposta como a mulher que participa da universalidade da Igreja, porque participa das dores junto a seu filho, ao pé da cruz. Ela participa, igualmente, com sua intercessão, em momentos difíceis que o Brasil, como nação, viveu e enfrentou. Nesses momentos, Maria foi aquela que nunca esteve ausente nas orações públicas e pessoais da vida da Igreja. Não poucas críticas na interpretação dessa atitude popular foram feitas. Mas, interpretadas à luz da fé do povo, ganham a experiência humana e espiritual de tanta gente, que pela fé e pela mística da luta pela vida ultrapassam nossa condição limitada.

> 289. Maria não vela apenas pela Igreja. Tem um coração tão grande quanto o mundo e intercede ante o Senhor da história por todos os povos. Isto bem registra a fé popular que põe nas mãos de Maria, como rainha e mãe, o destino de nossas nações. (DPb n. 289)

Com sua assunção ao céu em corpo e alma, no parágrafo 290, Maria é considerada a exímia pedagoga da fé, que transforma as pessoas e as coloca a serviço do filho como ela o fez. Em sua peregrinação nesta terra, viveu o mistério de comunhão do Filho com o Pai, por ter seguido seu filho até o fim. O Espírito Santo, desde a Anunciação, foi seu companheiro e santificador de todas as suas ações como mãe, discípula e tipo da Igreja Povo.

Quando afirmamos que Maria foi assunta ao céu em corpo e alma, enfatiza-se o caráter totalizante e completo de sua glorificação. Não apenas a alma, a interioridade e transcendência humanas participam da plenitude da vida no Reino, mas também a corporalidade, isto é, nosso enraizamento terrestre, nosso peso material e carnal, nosso relacionamento cósmico e histórico. A pessoa toda vê-se envolvida na absoluta realização.

Pela ressurreição e pela assunção, o corpo vem resgatado de toda a sua ambiguidade. Ele será motivo de bênção. Não é mais uma muralha que nos separa de Deus, do outro e do mundo que conhecemos durante nossa peregrinação terrenal. É porta aberta para a comunhão, é transparência e veículo de graça, de bondade e de amor puro. Em Maria tudo sempre foi puro e santo pela presença do Espírito Santo. A ressurreição e a assunção de Maria ao céu, na glória do Deus Trino, reassumiram essas realidades e as consumaram em sua máxima plenitude.

Finalmente, só Paulo nos deixa entrever o Novo céu e a Nova terra: "(...) nenhum olho jamais viu, nenhum ouvido jamais ouviu, nenhum coração jamais penetrou o que Deus preparou para os que o amam" (1Cor 2,9). O mito da inferioridade feminina e o da mulher como primeira responsável pela entrada do pecado no mundo estão, definitivamente, banidos do horizonte da humanidade quando, em uma mulher, vê-se glorificada a condição de toda a humanidade.

> 290. Enquanto peregrinamos, Maria será a mãe educadora da fé (LG 63). Ela cuida que o Evangelho nos penetre, intimamente, plasme nossa vida de cada dia e produza em nós frutos de santidade. Ela precisa ser cada vez mais a pedagoga do Evangelho na América Latina. (DPb n. 290)

Já o parágrafo 291 enfatiza a fórmula concisa da tradição de Paulo VI em sua Marialis Cultus n. 28. Fala da concepção de Igreja

Povo, com seu princípio feminino indispensável. Esse cria o ambiente de família, de abertura para acolher, de cuidado e amor à vida em todos os seus aspectos. Maria traz estampados, em toda a sua pessoa e em todo o seu ser, os traços femininos de Deus.

Pode-se afirmar que só se consegue falar do feminino de Deus por meio de imagens que apontam para o mistério divino, pois esse ultrapassa nossa limitada capacidade de compreendê-lo e de assimilá-lo em sua plenitude[47]. Tomemos o exemplo de Jesus. Sua atitude para com a viúva de Naim (Lc 7,13) foi de compaixão e de solidariedade. Os gestos para com a mulher pecadora (Lc 7,44.48) são de misericórdia e perdão, diante da força do amor e dos sinais de afeição demonstrados com relação a ele.

Nas parábolas de misericórdia (Lc 15), aparece a imagem da mulher que se alegra com a moeda encontrada (Lc 15,9-10) e o pastor que deixa tudo para ir em busca da ovelha transviada (Lc 15,5-6). Nessas parábolas, são claras as atitudes do feminino e do masculino. São imagens equivalentes do feminino e do masculino, por meio das quais Jesus nos dá a conhecer o modo de ser do Pai, seja na dimensão feminina, seja na dimensão masculina[48].

> 291. Maria é, verdadeiramente, Mãe da Igreja. Marca o Povo de Deus. Paulo VI faz sua uma fórmula concisa da tradição: "Não se pode falar de Igreja sem que esteja presente Maria" (MC 28). Trata-se de uma presença feminina, que cria o ambiente de família, o desejo de acolhimento, o amor e o respeito à vida. É presença sacramental dos traços maternais de Deus. É uma realidade tão profundamente humana e santa, que desperta nos crentes as preces da ternura, da dor e da esperança. (DPb n. 291)

Há uma conexão histórico-teológica entre os parágrafos 292 e 293. Falemos, agora, de alguns traços biográficos da vida de Maria

[47] FORTE, B. *Maria, a mulher ícone do mistério*, p. 143s.

[48] JOHNSON, Elizabeth A. *Aquela que é. O mistério de Deus no trabalho teológico feminino*, p. 92.

de Nazaré apresentados na teologia narrativa dos evangelhos apócrifos, que descrevem, de forma sucinta, as atitudes e respostas de Maria em sua relação com seu filho e sua atitude profética com Cristo. O primeiro fala de como Maria se relaciona com Cristo.

Percebe-se a ênfase da doação de Maria, porque vem unida a uma história de amor e doação, com uma lúcida intimidade com seu filho. A intimidade com esse absorveu toda a sua existência, a ponto de aceitar, na liberdade, o projeto do Pai de ser a mãe do Salvador da humanidade. Maria deixou sua marca em cada etapa de sua vida, em Nazaré e na vida pública de Jesus. Essas etapas de sua existência foram vividas na comunhão profunda com o Jesus da história e, profeticamente, com o Cristo da fé.

Esse caminho crescente de uma história de comunhão profunda de vidas humanas, que ultrapassa nossa condição limitada, torna-se uma história única, que culmina na contemplação mística da glória.

> 292. Segundo o plano de Deus em Maria, "tudo se refere a Cristo e tudo depende dele" (MC 25). Toda a sua existência é uma plena comunhão com seu Filho. Ela deu seu sim a esse desígnio de amor. Aceitou-o, livremente, na anunciação e foi fiel à palavra dada até o martírio do Gólgota. Foi a fiel companheira do Senhor em todos os caminhos. A maternidade divina levou-a a uma entrega total. Foi uma doação generosa, cheia de lucidez e permanente, unida a uma história de amor a Cristo íntima e santa, uma história única que culmina na glória. (DPb n. 292)

Os parágrafos 292 e 293 são complementares em sua exposição narrativa e de conteúdo também. Podemos acrescentar, ainda, que esse processo humano de que se falou no comentário do parágrafo acima levou Maria a uma alta união com Cristo, não só porque foi a primeira redimida (*Vultus misericordiae*, p. 3), mas porque desenvolveu todas as suas capacidades e potencialidades humanas de multiplicar os dons recebidos, conservando-se fiel à graça, e assim tornar-se exemplo e inspiração a todas as pessoas que a invocam.

293. Maria, levada ao máximo na participação com Cristo, é íntima colaboradora de sua obra. Foi "algo, inteiramente, distinto de uma mulher, passivamente, remissiva ou de religiosidade alienante" (MC 37). Ela não é apenas o fruto admirável da redenção; é também sua cooperadora ativa. Em Maria se manifesta (cf. Jo 10,10), claramente, que Cristo não anula a criatividade dos que o seguem. Ela, associada a Cristo, desenvolve todas as suas capacidades e responsabilidades humanas, até chegar a ser a nova Eva juntamente com o novo Adão. Maria, por sua livre cooperação na nova aliança de Cristo, é, junto a ele, protagonista da história. Por esta comunhão e participação, a Virgem Imaculada vive agora imersa no mistério da Trindade, louvando a glória de Deus e intercedendo pelos homens. Modelo para a vida da Igreja e dos homens.

A virgindade como modelo de ser Igreja

O parágrafo 294 nos dá a ocasião de refletirmos sobre como era concebida a virgindade no mundo antigo, por quais etapas passou, para, em seguida, aprofundarmos nossa concepção de virgindade e seu valor nos dias de hoje.

Os filhos e as filhas legítimos do judaísmo não consideram a virgindade um valor. Essa equivale à esterilidade, a não procriação, que acarreta desprezo e implica uma carga de mortalidade, já que o prolongamento e a continuidade da vida estão na prole, na descendência. Para a mulher judia não ter filhos é não se realizar como mulher. Os profetas, quando querem descrever com tintas carregadas a miséria do povo e seu afastamento de Javé, dizem que o povo é como uma virgem que vai morrer sem deixar descendência (Am 5,1-2; Jr 1,15).

Por outro lado, o mundo bíblico, em que essa mentalidade predomina, faz algumas exceções à esterilidade, sob diferentes formas, tais como: virgindade, celibato, viuvez, que adquirem um aspecto positivo de união com Deus e seu serviço de louvor. Há o caso de Moisés, por exemplo, que cessou para sempre de ter relações com sua mulher Séfora, depois que o Senhor lhe apareceu no monte Sinai (Dt 5,30), porque lhe falava "boca a boca" (Nm 12,8). Jeremias assume o celibato como sinal de denúncia (Jr 16,1-9), o livro da Sabedoria elogia a estéril e o eunuco que vivem santamente (Sb 3,13-14).

Nesse contexto, o mundo bíblico crê e expressa sua fé no Deus da vida e que ele pode fazê-la brotar onde para a criatura humana seria impossível. Dentro dessa mentalidade, Deus torna fecundas mulheres como Sara, Rebeca, Raquel, Ana, Isabel. Elas tomam consciência da graça de que foram objeto e prorrompem em exclamações de júbilo e cânticos de ação de graças.

No sentido estrito de virgindade, a Deus é possível tornar fecunda a jovem de Nazaré, Maria, a virgem por excelência. Escrevemos aqui, com nossas palavras, a concepção de virgindade da Igreja no ensinamento de Maria do parágrafo 294. "Ela [Maria] nos ensina que a virgindade é uma entrega exclusiva a Jesus Cristo, em que a fé, a pobreza e a obediência ao Senhor se tornam fecundas (...). Do mesmo modo a Igreja (...) torna-se mãe da humanidade, (...) pela sua comunhão íntima e total com" Jesus Cristo.

São várias as imagens de Igreja apresentadas na *Lumen Gentium*, da p. 7 a 11, e que nós podemos utilizar na evangelização. Mas, no fim de tudo, a Igreja é mistério do Deus Trindade, que nos remete ao único mistério de nossa fé, o mistério pascal: Jesus, nascido da Virgem Maria pela força do Espírito Santo, pregou o Reino de Deus, sofreu a paixão, a morte e no terceiro dia foi glorificado.

Nesse sentido, a Igreja é, simultaneamente, visível e espiritual. "(...) a Igreja visível e a Igreja enriquecida de bens espirituais não devem ser consideradas duas coisas, mas formam uma só realidade complexa, em que se funde o elemento humano com o divino (*Mystici Corporis*). "A virgindade materna de Maria conjuga, no mistério da Igreja, estas duas realidades: toda de Cristo e, com ele, toda servidora da humanidade".

294. Neste momento, em que nossa Igreja Latino-Americana quer dar um novo passo de fidelidade ao seu Senhor, olhamos para a figura viva de Maria. Ela nos ensina que a virgindade é uma entrega exclusiva a Jesus Cristo, em que a fé, a pobreza e a obediência ao Senhor se tornam fecundas pela ação do Espírito. Assim, também a Igreja quer ser mãe de todos os homens, não à custa de seu amor a Cristo, afastando-se dele ou postergando-o, mas, precisamente, pela sua comunhão íntima e total com ele. A virgindade materna de Maria conjuga, no mistério da Igreja, estas duas realidades: toda de Cristo e, com ele, toda servidora dos homens. Silêncio, contemplação e adoração que dão origem à mais generosa resposta à missão, à mais fecunda evangelização dos povos. (DPb n. 294)

O parágrafo 295 vem confirmar o sentido de Igreja como mistério do Deus Comunidade de amor, que Maria desperta no coração adormecido de cada pessoa, a presença irmã de seu filho, que nos adotou como irmãos e irmãs e como filhas e filhos adotivos de seu Pai. Esse despertar o coração de cada fiel leva-os a tomar consciência de sua filiação divina que pulsa na vida espiritual da humanidade.

Pode-se ressaltar, ainda, o valor da família como primeiro lugar de encontro, de fraternidade e irmandade, experiência essa que cria outras comunidades de fé que, com essa finalidade, unem-se e se reúnem na mesma vivência. A presença de Maria faz com que cada comunidade viva a Igreja que nela tem uma mãe.

295. Maria Mãe desperta o coração do filho adormecido em cada homem. Assim nos leva a desenvolver a vida do batismo pela qual nos tornamos filhos. Ao mesmo tempo esse carisma materno faz crescer em nós a fraternidade, e assim Maria faz com que a Igreja se sinta uma família. (DPb n. 295)

Maria nos é colocada como alta inspiração na ordem da graça, por ser a primeira preservada de pecado, e na ordem da fé, por haver concebido o Salvador da humanidade pela fé. Esse é o parágrafo 296. Por isso Maria é a discípula-mãe que se abre à Palavra e aceita dela o movimento do Espírito, mesmo quando não a compreende. Sabe esperar o tempo do Pai, em seu coração, e guarda essa Palavra em seu íntimo, rumina-a e espera a "hora" de seu Senhor para compreendê-la em sua dimensão universal, porque participa das dores e da glorificação de seu filho Jesus. Assim a interpreta a teologia elaborada na perspectiva da mariologia.

> 296. Maria é reconhecida como modelo extraordinário da Igreja na ordem da fé. É aquela que crê, pois nela resplandece a fé como dom, abertura, resposta e fidelidade. É a discípula perfeita que se abre à palavra e se deixa penetrar por seu dinamismo. Quando não a compreende e fica surpresa, não a repele ou põe de lado; medita-a e conserva-a. (DPb n. 296)

O sentido dado ao Cântico do Magnificat, no parágrafo 297, como "prelúdio do Sermão da Montanha", é referente ao discurso das "Bem-aventuranças" de Lucas, em seu capítulo 6,20-26. Na primeira parte, Jesus proclama quem são as pessoas bem-aventuradas, como os pobres, os famintos, os que choram... e, na segunda parte do discurso, denuncia as pessoas com seu "Ai de vós ricos... Ai de vós que agora estão saciados...", cuja leitura nos mostra as fortes ressonâncias que esse discurso de Jesus tem com o Magnificat, apresentado como "espelho da alma de Maria".

Partindo do Magnificat, torna-se bastante claro entender o protagonismo histórico que Maria assume com sua palavra. Ela é uma mulher mística contemplativa, porque se insere no mundo de seu povo, sem deixar de ser profética na história que o povo vive naquele momento. Torna este mundo transparente, desmascara as falsas imagens do Deus Vivo e desmascara também o deus ideológico que fala em favor dos poderosos.[49]

[49] Contribuição de membros da Equipe de Reflexão Teológica da Conferência dos Religiosos do Brasil. Rio de Janeiro, 7 de maio 1999.

Ninguém faz história de forma isolada ou ignorando a história do que outros povos construíram e constroem, sem tomar consciência daquilo que se está vivendo no momento presente. O Magnificat mostra Maria como mulher que lê a história de seu povo, que a filtra em seu coração, evidencia o elemento libertador nas antíteses[50] dos eventos históricos desse mesmo povo.

A mística da contemplação é mais intuitiva, sem deixar de ser reflexiva. Essa experiência deixa-se penetrar pelo mistério de Deus que pervade tudo. Ela nos dá um conhecimento mais vital da realidade e nos permite abordá-la e penetrá-la naquilo que tem de mistério, de simbolismo, de comunhão com Deus e de vida escatológica já aqui na terra.

O Cântico do Magnificat coloca em evidência algumas expressões fortemente ligadas à experiência da mística da contemplação referentes à mulher, Maria de Nazaré. Das expressões que seguem, podem-se descrever muitos traços dessa experiência a partir do cântico proclamado por ela. Veremos três traços principais dos versículos: "(...) e exaltou os humildes; os famintos, ele os cobriu de bens (...) Veio em socorro de Israel seu servo, lembrado de sua bondade, (...) como dissera a nossos pais em favor de Abraão e de sua descendência, para sempre" (Lc 1,52-53; 54-55).

No primeiro traço, Maria descreve a experiência contemplativa como experiência da unidade. Esta se dá por meio da imersão no mundo dos humilhados, dos famintos e dos que gritam por socorro. No segundo, Maria penetra, neste mundo, com sua fé, porque acredita na palavra que lhe foi

---

[50] VALENTINI, Alberto. *Il Magnificat: Genere letterario. Struttura. Esegesi*, p. 107-116, sobretudo, p. 115: do ponto de vista religioso, no Magnificat existe um contraste entre os "humildes" e os "soberbos" que caracteriza e qualifica o cântico. Ao lado há uma dimensão social e política expressa pelos termos: poderosos, ricos, orgulhosos, força de seu braço; tal contexto é dominado pela intervenção do Todo-Poderoso que muda as condições sociais e as relações de violência existentes no mundo.

anunciada: o filho que está esperando é Santo, porque é Filho do Altíssimo. O terceiro traço leva em conta a experiência contemplativa da unidade como experiência, não só de imersão nas situações dominadas pela injustiça, mas, sobretudo, como experiência de deixar-se absorver por Deus, que cobre de bens os pobres, socorre seu povo e presenteia toda a esterilidade com abundante descendência.

No Magnificat, portanto, temos uma Maria que testemunha a experiência mística da contemplação na unidade da diferença: ela se torna "uma" com o Deus de seu povo, sem deixar de dar sua cooperação ao projeto divino, por meio de seu compromisso ético de transformar a realidade de opressão em vida plena. Maria é toda de Deus, mas sabe se fazer uma só com seu povo e com a realidade concreta desse mesmo povo[51].

Dos versículos que seguem, pode-se perfilar alguns traços da experiência mística da contemplação em Maria, traços que se revelam nela neste cântico. "Ele interveio com toda a força do seu braço; dispersou os homens de pensamento orgulhoso; precipitou os poderosos de seus tronos... E os ricos despediu-os de mãos vazias" (Lc 1,51-53).

Saltam aos olhos da percepção humana os contrastes que tecem a força significativa da fala atribuída a Maria. Os verbos empregados, tais como, "interveio, dispersou, precipitou, despediu", falam de uma virada da situação: neste caso, a de uma prática de poderosos que esvazia o potencial histórico-salvífico dos pobres, para uma prática do vigor, da eficácia e do serviço gratuito desses mesmos pobres. São os pobres que enchem até as bordas a taça do banquete do Reino, o qual se faz visível nas situações históricas que atendem ao serviço da vida. Essas situações apontam para o Reino que há de vir.

---

[51] BOFF, Leonardo. *Mestre Eckhart. A mística de ser e de não ter*, p. 16-19.

297 O Magnificat é espelho da alma de Maria. Neste poema conquista o seu cume a espiritualidade dos pobres de Javé e o profetismo da Antiga Aliança. É o cântico que anuncia o novo Evangelho de Cristo. É o prelúdio do Sermão da Montanha. Aí Maria se nos manifesta vazia de si própria e depositando toda a sua confiança na misericórdia do Pai. No Magnificat, manifesta-se como modelo "para os que não aceitam passivamente as circunstâncias adversas da vida pessoal e social, nem são vítimas da alienação, como se diz hoje, mas que proclamam, com ela, que Deus 'exalta os humildes' e se for o caso 'derruba os poderosos de seus tronos'..." (João Paulo II, Homilia Zapopán, 4 – AAS LXXI p.230) (DPb n. 297)

Isenta de pecado

Para se falar da grandeza de Maria como a "Imaculada", está sendo aceita cada vez mais a tese do teólogo Duns Escotto[52], argumento do Doctors subtilis, que coloca em evidência o fato da Imaculada Conceição. Esse não é uma exceção à redenção de Cristo, como temiam que fosse alguns teólogos. Mas sim um exemplo de perfeita e eficaz ação salvífica do único mediador, Jesus Cristo. Mais recentemente ainda, cada vez mais se acentua a aceitação da teologia de João Duns Escotto, um dos primeiros teólogos a distinguir a graça divina, que previne, e a graça, que cura, as duas como fruto da ação redentora de Cristo.

Em vista da primeira, Maria foi preservada de todo pecado, em virtude dos méritos de seu filho, mas não o foi a "pena" do pecado, enquanto integra a descendência adâmica. Essa distinção não diz, portanto, que Maria tenha recebido dons transcendentes a sua condição de criatura, dons

[52] Frade franciscano Menor, da Escócia, filósofo e teólogo em torno ao ano 1266. Lecionou em Paris e morreu na cidade de Colônia, Alemanha. Disponível em: https://pt.wikipedia.org/wiki/Jo%c3%a3o_ duns_Escoto. Acesso em: 12 set 2021.

atribuídos ao ser humano na primeira criação. A Imaculada Conceição não é uma graça da criação em Adão, mas da redenção em Cristo[53].

> 298. A Imaculada Conceição apresenta-nos em Maria o rosto do homem novo redimido por Cristo, no qual Deus recria ainda "mais admiravelmente" (Coleta da Natividade de Jesus) o projeto do paraíso. Na Assunção se nos manifestam o sentido e o destino do corpo santificado pela graça. No corpo glorioso de Maria, começa a criação material a ter parte no corpo ressuscitado de Cristo. Maria, arrebatada ao céu, é a integridade humana, corpo e alma, que agora reina intercedendo pelos homens, peregrinos na história. Essas verdades e esses mistérios iluminam o Continente onde a profanação do homem é uma constante e onde muitos se fecham num fatalismo passivo. (DPb n. 298)

O parágrafo seguinte nos leva a fazer uma breve reflexão sobre a mulher cristã de nossos dias. Essa pode buscar, em Maria, uma inspiração que a leve a ter nela uma das fontes de invocação que se encarna na prática de seu testemunho de fé e no seguimento de Jesus Cristo, o Filho de Deus e filho de Maria. As mulheres de nossos dias são aquelas que lutam do lado do povo e não se conformam com a situação que estão vivendo. Nesse sentido, elas se inspiram tanto na Maria histórica dos evangelhos, como também na Maria da fé criada pela simbologia popular.

A mulher de hoje, inspirada pela atitude de Maria e em sua fé e coragem em aderir, plenamente, ao chamado do Pai e seu projeto, acredita em um modo novo de viver seu batismo, de testemunhar sua fé e de organizar a comunidade eclesial. A presença de Maria e das outras mulheres no evento Pentecostes criou e continua criando a comunidade do Espírito doado pelo Ressuscitado.

---

[53] GONZÁLEZ, C. I. *Mariologia. Maria, Madre e discepola*, p. 209.

Ora, nessa comunidade, a mulher se identifica com a graça de ser chamada a reproduzir, em sua vida e em seu gesto de comunhão, a mesma comunhão da Comunidade divina, por meio da Pessoa de Jesus Cristo. Ela busca alimentar seu povo com sua doação, com seu cuidado e com sua fé. Essa é a modalidade mais radical e intensa que ela encontrou para exprimir sua vocação de dar de si mesma os dons recebidos da Trindade Santa.

> 299. Maria é mulher. É "a bendita entre todas as mulheres". Nela dignifica Deus a mulher elevando-a a dimensões inimagináveis. Em Maria o Evangelho penetrou a feminilidade, redimiu-a e exaltou-a. Isto é de importância capital para o nosso horizonte cultural, em que a mulher deve ser valorizada muito mais e em que suas tarefas sociais se estão definindo com mais clareza e amplidão. Maria é uma garantia para a grandeza da mulher, mostra a forma específica do ser mulher, com essa vocação de ser alma, dedicação que espiritualiza a carne e que encarne o espírito. Modelo de serviço eclesial na América Latina. (Cf. João Paulo II, Homilia Guadalupe, AAS, LXXI, p. 164. 121) (DPb n. 299)

O serviço eclesial mariano

O parágrafo que segue, o de número 300, fala de dois episódios dos evangelhos, um de Lucas e outro de João, em que Maria é apresentada prestando serviço, quando visita sua prima Isabel e por ocasião do casamento de Caná em que faltou o vinho. Dos vários episódios de todos os quatro evangelhos, podemos extrair deles os distintos serviços que Maria testemunhou como mulher que serve.

O serviço por excelência prestado por Maria como a serva do Senhor foi o de ter despertado a fé dos discípulos que estavam presentes naquele casamento, como atesta o evangelho de João: depois de converter a água em vinho, princípio dos sinais, Jesus manifestou sua glória e seus discípulos creram nele (Jo 2,11). Quando visitou Isabel, anunciou-lhe o Evangelho com o Cântico do Magnificat (Lc 1,46-55). "Apresentamos Maria como a mulher que, com sua ação, favoreceu a fé da comunidade apostólica, em Cristo (cf. Jo 2,1-12) e cuja função materna se dilatou, vindo a assumir no Calvário dimensões universais" (MC n. 37).

Não sem sentido foi ter acompanhado de perto seu filho, em todas as etapas de sua vida em família, em Nazaré, na vida pública pregando o Reino de Deus ao povo, como constatamos nas narrativas dos evangelistas, indo até o Monte Calvário para participar da morte de seu filho.

Com o Vaticano II e, posteriormente, com Puebla, sobretudo, iniciou-se nova impostação da teologia mariana. Além dos aspectos antropológicos, ecumênicos, eclesiológicos e pneumatológicos, houve mudança nos modelos de aproximação da figura de Maria.

Começou-se a sublinhar mais a categoria do serviço do que a do privilégio; mais o aspecto comunitário que o individual; entrou mais um interesse pastoral existencial, sem deixar de lado o aprofundamento teológico sistemático, ou mais exatamente, houve um interesse por um aprofundamento teológico sistemático, mas sempre em vista da prática pastoral e atenta à fé que brota das comunidades.

Continuando a falar do serviço prestado por Maria à humanidade, sobretudo a nós, da América Latina, refletimos sobre os parágrafos 300 a 302 que reconhecem, em Maria, a mulher que adere ao mistério da encarnação pelo movimento do Espírito Santo, a partir do qual abre a plenitude dos tempos (Gl 4,4). Ela se torna o lugar de onde parte o movimento do Espírito em direção à realidade suprema do Pai, que envia seu Filho para redimir tudo.

Maria é o lugar onde o Espírito faz seu movimento do interior para o exterior, do não manifestado para o manifestado, do eterno para o temporal. A jovem mãe se torna a junção entre o Céu e a Terra, porque é, verdadeiramente, a mãe do filho que vai mostrar o rosto divino do Pai na face sagrada de Jesus.

A manifestação do movimento do Espírito em Maria e a presença de Maria nesse movimento se dão em nossa prática evangelizadora e na prática pastoral de nossas comunidades de fé, como muito bem explicitado na segunda parte do Documento de Puebla, quando os bispos falam do serviço eclesial em nosso Continente.

> 300. A Virgem Maria fez-se a serva do Senhor. A Escritura apresenta-a como alguém que, indo visitar Isabel por ocasião do parto, presta-lhe o serviço muito maior de anunciar-lhe o Evangelho com as palavras do Magnificat. Em Caná está atenta às necessidades da festa e sua intercessão provoca a fé dos discípulos que "acreditam nele" (Jo 2,11). Todo serviço que Maria presta aos homens consiste em abri-los ao Evangelho e convidá-los a obedecer-lhe: "Fazei tudo o que Ele vos disser". (Jo 2,5) (DPb n. 300)

O texto do parágrafo 301 afirma que, em nossa fé e em nossa prática pastoral, "sem Maria, desencarna-se o Evangelho, desfigura-se e transforma-se em ideologia, em racionalismo espiritualista". Por sua vez, o parágrafo 302 nos remete à *Marialis cultus*, que amplia o serviço de Maria com palavras que têm ressonância atual: ela é "a mulher forte que conheceu a pobreza e o sofrimento, a fuga e o exílio (cf. Mt 2,13-22)"; situações estas que não podem escapar à atenção de quem quiser dar apoio, com espírito evangélico, às energias libertadoras das pessoas e da sociedade.

O último parágrafo que o Documento de Puebla dedica particularmente a Maria é o 303, que fala da "hora de

Maria", isto é, o Novo Pentecostes para todo o Continente. Os bispos reunidos em Puebla reconhecem e estão conscientes da vida peregrinante, incerta e sofrida de nossos povos americanos do Sul. Por isso citam a Exortação Apostólica *Evangelii Nuntiandi* que fala, enfaticamente, que "a ruptura entre o Evangelho e a cultura é, sem dúvida, o drama de nossa época, como o foi também nas outras épocas" (EN n. 20). Desse modo, é preciso colocar todos os esforços que estiverem a nosso alcance para uma evangelização que respeite as sementes do Verbo que já se encontram nela, quando as pessoas missionárias chegam a essa cultura para anunciar o Cristo vivo (EN n. 20).

Os bispos voltam-se para Maria para que o Evangelho se torne mais encarnado nas raízes de nossa cultura, suplicando-lhe que vivamos um novo Pentecostes em que ela presida nossos esforços e fortifique nossa oração, para um novo peregrinar em direção à Casa do Pai.

> 303. O povo latino-americano conhece bem tudo isso. A Igreja tem consciência de que "o que importa é evangelizar não de maneira decorativa como se se tratasse de um verniz superficial" (EN 20). Esta Igreja que, com nova lucidez e nova decisão, quer evangelizar, no fundo, na raiz, na cultura do povo, volta-se para Maria para que o Evangelho se torne mais carne, mais coração na América Latina. Esta é a hora de Maria, isto é, o tempo do Novo Pentecostes a que ela preside com sua oração, quando, sob o influxo do Espírito Santo, a Igreja inicia um novo caminho em seu peregrinar. Que Maria seja, nesse caminho, "estrela de evangelização sempre renovada". (EN 81) (DPb n. 303)

O Documento de Puebla fala que a Igreja, Povo de Deus, deixa-se instruir pelo Espírito Santo para dar o devido fundamento à devoção que os fiéis dedicam a Maria "como mãe muito amada". Nesse sentido, cita o parágrafo 53 da *Lumen Gentium* para dar as razões dessa especial posição aberta de Maria à missão de Jesus e lhe dá o título de colaboradora na história da salvação. É nessa fé que o papa Paulo VI proclama Maria Mãe da Igreja[54].

Nossos povos acreditam em Maria como mãe de Deus, a qual deu seu "sim" na anunciação, momento em que o Espírito Santo a cobriu com sua sombra. É mãe da Igreja, porque é mãe de Cristo, Cabeça do Corpo Místico, que somos todos nós. Além disso, é nossa mãe por ter estado ao pé da cruz de Jesus cooperando para que fôssemos redimidos; torna-se assim nossa mãe na ordem da graça, como afirma o n. 61 da LG. Desse mistério da dor, irrompe vitoriosa, em Pentecostes, ao implorar pela Igreja o Espírito Santo, que dá vida (LG n. 286-287).

A concepção da maternidade de Maria como mãe de Deus na piedade do povo é um acervo de valores que responde, com sabedoria cristã, às grandes questões da existência humana. A sabedoria popular tem uma capacidade de síntese vital. Essa engloba o divino e o humano, Cristo e Maria, espírito e corpo, comunhão e instituição, pessoa e comunidade, fé e pátria, inteligência e afeto (DPb n. 448).

Com essa conclusão, entendemos ter interpretado os fundamentos teológicos e espirituais da devoção e culto dados a Maria e refletido sobre eles, nos parágrafos dedicados a ela, no Documento de Puebla. Prosseguimos para conhecer os traços da devoção da piedade mariana no documento de Santo Domingo.

[54] BERTETTO, D. *La beata Maria Vergine Madre di Dio nel mistero di Cristo e della Chiesa*, p. 940.

6

Maria na Conferência de Santo Domingo (1992)

O contexto em que se celebra essa Conferência Episcopal, em 1992, é o de fazer memória dos 500 anos de Evangelização dos povos na América Latina e no Caribe. O texto de Santo Domingo nos apresenta a reafirmação das opções fundamentais de Medellín e Puebla, com ênfase especial aos pobres, aos jovens, à cultura e à família.

As citações feitas a Maria se encontram espalhadas em todo o documento. Maria está incluída na Nova Evangelização entre os discípulos e as discípulas do Senhor. As primeiras citações invocadas foram extraídas dos discursos do papa S. João Paulo II e do episcopado latino-americano e caribenho. Essas citações não obedecem a uma continuidade do assunto sobre Nossa Senhora.

Discurso de abertura

No longo discurso de abertura da IV Conferência Episcopal latino-americana e caribenha, João Paulo II, em contexto de temor e esperança, apresenta Maria como mãe de Jesus e mãe da Igreja. Reconhece sua presença em todos os rincões do Continente e no coração desses povos[55]. Como no Cenáculo de Pentecostes, acompanha-nos a mãe de Jesus, a mãe da Igreja.

[55] CELAM. *Santo Domingo, Conclusões*, parágrafos 30-31.

Sua presença entranhável em todos os espaços da América Latina e do Caribe, como também nos corações de seus filhos e suas filhas, é garantia do sentido profético e do ardor evangélico que deve acompanhar nossos trabalhos. E faz essa longa prece, atribuindo à América Latina as palavras de Isabel a Maria:

> 31. "Bem-aventurada és tu que acreditaste, porque se hão de cumprir as coisas que da parte do Senhor te foram ditas" (Lc 1,45). Estas palavras, que Isabel dirige a Maria, portadora de Cristo, são aplicáveis à Igreja, da qual a Mãe do Redentor é tipo e modelo. Feliz és tu, América, Igreja da América, portadora de Cristo também, que recebeste o anúncio da salvação e creste "nas coisas que te foram ditas da parte do Senhor"! A fé é a tua ventura, a fonte da tua alegria. Felizes vós, homens e mulheres da América Latina, adultos e jovens, que conhecestes o Redentor! Junto com toda a Igreja, e com Maria, podeis dizer que o Senhor "pôs os olhos na humildade de sua serva" (Lc 1,48). Felizes vós, os pobres da terra, porque chegou para vós o Reino de Deus! (DSn. 31)

Na segunda parte dessa longa prece, o Papa apresenta a Maria do Magnificat como inspiração para os povos da América do Sul e aplica a esses as palavras de Isabel à bem-aventurada Maria de Nazaré. Esses povos são também proclamados bem-aventurados, porque o Senhor passa a seu lado e chama-os, nesta hora da graça, para renovar sua esperança e a aliança com Deus, pessoa viva em Jesus Cristo.

E o pontífice continua com sua prece:

> "O que o Senhor te disse se cumprirá". Sê fiel ao teu batismo reaviva, neste Centenário, a imensa graça recebida, dirige teu coração e teu olhar ao centro, à origem daquele que é o fundamento de toda a felicidade, a plenitude de tudo! Abre-te a Cristo, acolhe o Espírito, para que, em todas as tuas comunidades, tenha lugar um novo Pentecostes! E surgirá de ti uma humanidade nova, bem-aventurada; e experimentarás de novo o braço poderoso do Senhor, e "o que o Senhor te disse se cumprirá". O que te disse, América, é seu amor por ti, é seu amor pelos teus homens, por tuas famílias, pelos teus povos. E esse amor se cumprirá em ti, e te encontrarás de novo a ti mesma, encontrarás teu rosto, "proclamar-te-ão bem-aventurada todas as gerações" (Lc 1,48). (DSD n. 31)

A Carta que autoriza a publicação do Documento é apresentada às Conferências Episcopais e às Igrejas particulares do Continente como novo instrumento pastoral para os povos da América do Sul e Caribe. Nela poderão encontrar as linhas pastorais que mais respondam às exigências concretas de cada realidade. Para chegar a essa meta, os bispos se voltam para a mãe da Igreja, a fim de que o esforço de todos alcance o êxito e a projeção do processo evangelizador sobre o futuro do Continente. "Que Maria, Mãe da Igreja e Rainha de nosso Continente, ilumine o caminho para uma nova evangelização que nossa América ora empreende; que ele se projete num maior compromisso pela promoção integral do homem e impregne, com a luz do Evangelho, as culturas dos povos latino-americanos" (DSD Apresentação).

Em comunhão com nossos povos, os bispos proclamam que a Virgem Maria, mãe de Cristo e mãe da Igreja, é a primeira crente, a mulher, plenamente evangelizada e a perfeita discípula evangelizadora.

> 15. Confirmando a fé de nosso povo, queremos proclamar que a Virgem Maria, Mãe de Cristo e da Igreja, é a primeira redimida e a primeira crente. Maria, mulher de fé, foi plenamente evangelizada, é a mais perfeita discípula e evangelizadora (cf. Jo 2,1-12). É o modelo de todos os discípulos e evangelizadores por seu testemunho de oração, de escuta da Palavra de Deus e de pronta e fiel disponibilidade ao serviço do Reino até a cruz. Sua figura materna foi decisiva para que os homens e as mulheres da América Latina se reconhecessem em sua dignidade de filhos de Deus. Maria é o selo distintivo da cultura do nosso continente. Mãe e educadora do nascente povo latino-americano, em Santa Maria de Guadalupe, por intermédio do Beato Juan Diego, "é oferecido um grande exemplo de evangelização, perfeitamente, inculturada" (*Discurso inaugural* 24). Ela nos precedeu na peregrinação da fé e no caminho da glória, e acompanha os nossos povos que a invocam com amor até que nos encontremos, definitivamente, com seu Filho. Com alegria e gratidão acolhemos o dom imenso de sua maternidade, ternura e proteção e aspiramos a amá-la do mesmo modo como Jesus a amou. Por isso a invocamos como estrela da Primeira e da Nova Evangelização. (DSD n. 15)

Porquanto diz respeito à enculturação do evangelho, Maria torna-se selo distintivo da cultura do Continente e educadora do nascente povo latino-americano. Em Santa Maria de Guadalupe, por intermédio do Beato Juan Diego, é grande exemplo de evangelização enculturada[56]. Em tal processo, damos "especial atenção à valorização da piedade popular que encontra sua expressão na devoção à Santíssima Virgem, nas peregrinações aos santuários e nas festas religiosas iluminadas pela Palavra de Deus" (DSD n. 53). A enculturação do Evangelho, sem esse componente espiritual, será mais difícil.

O texto do parágrafo 163 apresenta algumas linhas de reconhecimento dos bispos, referentes à enculturação. Levam em conta, sobretudo, as práticas vividas no cotidiano contra o modo como são tratadas as mulheres em sua própria casa, no trabalho e demais contextos em que elas se encontram, com a urgência de tais práticas.

> 163. Maria, a mulher solícita ante a necessidade surgida nas bodas de Caná, é modelo e figura da Igreja ante toda forma de necessidade humana (cf. Jo 2,3s). À Igreja, assim como a Maria, Jesus lhe recomenda preocupar-se com o cuidado maternal da humanidade, sobretudo, dos que sofrem. (cf. Jo 19,26-27) (DSD n. 163)

Assim se expressa o parágrafo 229 do documento:

> A Virgem Maria acompanha os apóstolos quando o Espírito de Jesus ressuscitado penetra e transforma os povos das diversas culturas. Maria, que é modelo da Igreja, também é modelo da evangelização da cultura. É a mulher judia que representa o povo da Antiga Aliança com toda sua realidade cultural. Mas abre-se à novidade do Evangelho e está presente nas nossas terras, como Mãe comum, tanto dos aborígines como daqueles que para cá vieram, propiciando, desde o princípio, a nova síntese cultural que é a América Latina e o Caribe. (DSD n. 229)

[56] BOFF, Clodovis. *O Evangelho de Santo Domingo. Os dez temas-eixo do Documento da IV CELAM*, p. 7-69.

Maria é proposta como mulher que vem da cultura do Antigo Testamento, mas sabe abrir-se à novidade do Evangelho, que toca as raízes culturais do povo com o anúncio do Reino.

João Paulo II conclui suas palavras em solo latino-americano e caribenho invocando Maria como a "Estrela da Primeira e da Nova Evangelização". Exorta os bispos a confiarem, na esperança do bom êxito dos trabalhos da IV Conferência, deixando ao coração da mãe sua projeção sobre o futuro de todo o Continente.

Esclarecemos, mais uma vez, que a devoção mariana se encontra diluída em todas as partes em que se apresenta o Documento. Não podemos afirmar que houve uma clara intenção de falar da devoção mariana do povo, como uma das marcas da religiosidade popular, a não ser em momentos específicos das orientações pastorais elaboradas.

7

Maria na Conferência de Aparecida (2007)

O Documento de Aparecida teve pouco tempo de preparação e seu desenvolvimento foi todo celebrativo, tendo como chave de leitura a "conversão pastoral". Entende-se esse Documento fazendo uma leitura transversal, ou seja, lendo o Documento em seu conjunto. Um dos conceitos centrais levados em consideração foi a "mudança de época" que ainda estamos vivendo hoje, quer dizer, reviver uma outra cristologia, que não a da cristandade. Essa afirmação leva a "recomeçar nossa prática pastoral a partir de Cristo", o que pede a urgência de uma formação espiritual do discipulado de toda a pessoa que é chamada a uma prática pastoral.

A teologia de Aparecida, quanto à opção evangélica e preferencial pelos pobres, propõe-nos criar uma hermenêutica que expresse uma formação dentro dos princípios de começar a partir de Cristo, dentro e fora de nossas paróquias. Referente ao assunto desse Documento, enfatiza-se a riqueza da segunda parte intitulada: "A vida de Jesus Cristo nos discípulos missionários", na qual se destaca Maria, como discípula e missionária, dando-lhe um espaço significativo como aquela que sai em missão.

Levamos em consideração os parágrafos mais significativos e em consonância com os princípios de formação do discipulado em seu todo. Consideramos, ainda, outros parágrafos em que Maria é tida apenas como figura inspiradora para a "Nova Evangelização". Em todo o Documento, ela é colocada como missionária e modelo dos discípulos e das discípulas em missão.

Em primeiro lugar, Maria é apresentada como a discípula que vive a máxima realização de sua existência, em íntima união trinitária, na qual é interlocutora do Pai, que traz o Verbo ao mundo para a salvação da humanidade e opera, com o nascimento da Igreja missionária junto aos apóstolos, com as outras mulheres e a família de Jesus, em Pentecostes (At 1,12-14). Essa participação no mistério do projeto de salvação do Pai leva Maria a estar ao pé da cruz para entrar no mistério da Aliança (DAp n. 266-267).

Em segundo lugar, o atual Documento em estudo confirma os elementos teológicos apontados na *Lumen Gentium* e em Puebla. Relacionamos alguns deles:

- a Virgem de Nazaré educou e acompanhou seu filho até o sacrifício definitivo;
- imprimiu um selo mariano que identifica a Igreja como encontro com Cristo, com o Pai e com o Espírito Santo, que une toda a humanidade em uma só família (DAp n. 267-268);
- no acontecimento de Guadalupe, presidiu o Pentecostes da evangelização no Continente, junto com o humilde Juan Diego (DAp n. 269);
- finalmente, proclamou com palavras corajosas seu Magnificat, para nos impulsionar a fazer nossa opção pelas pessoas empobrecidas e marginalizadas (DAp n. 271-272).

Todo o documento de Aparecida é espiritual, e sua espiritualidade vem sendo expressa na fala dos bispos ao longo de todas as suas decisões. Os bispos falam como pastores, em comunhão com todas as Igrejas locais, e seus pronunciamentos se dirigem a todos os povos do extenso Continente do Sul e Caribe. Podem-se constatar esses pronunciamentos já na Introdução ao texto, por ocasião da publicação oficial das conclusões da V Conferência, em que Maria é apresentada como mãe, discípula e mestra de vida espiritual.

> 1. (...) Maria, Mãe de Jesus Cristo e de seus discípulos, tem estado muito perto de nós, tem-nos acolhido, tem cuidado de nós e de nossos trabalhos, amparando-nos, como a João Diego e a nossos povos, na dobra de seu manto, sob sua maternal proteção. Temos pedido a ela, como mãe, perfeita discípula e pedagoga da evangelização, que nos ensine a ser filhos em seu Filho e a fazer o que Ele nos disser. (cf. Jo 2,5) (DAp n. 1)

No IV capítulo, em seu parágrafo 141, encontramos Maria inserida no chamado ao seguimento de Jesus Cristo. Todos e todas são chamados à santidade como discípulos missionários e discípulas missionárias. Nesse chamado, a mãe do Senhor é colocada aos nossos povos como a mestra que nos ensina a estar em sintonia com o projeto Trinitário, assim como ela mesma o viveu em sua vida.

Foi dócil ao Espírito Santo, enviado pelo Pai, para que seu filho salvasse a humanidade fazendo-se um de nós. Para esse momento, em que a plenitude dos tempos chegara a sua realização plena, temos a presença do Pai, que envia o Filho, e a presença do Espírito Santo, que dinamiza a esperança que leva o povo de Israel a clamar pela presença do Messias prometido por Abraão, por Isaac e por Jacó.

É o início da nova Criação. Maria é a primícia dessa nova Criação, pelo fato de ter sido preservada do pecado em vista dos méritos conseguidos por Cristo no alto da cruz, no Calvário. Toda a vida histórica de Maria é abertura à graça divina, recebida em sua concepção imaculada, que termina com sua assunção em corpo e alma no céu. Hoje, Maria é sinal de esperança e conforto para todos nós, que peregrinamos nesta terra como povo de Deus.

> 141. A Virgem Maria é a imagem esplêndida da conformação ao projeto trinitário que se cumpre em Cristo. Desde sua concepção Imaculada até sua Assunção, recorda-nos que a beleza do ser humano está toda no vínculo do amor com a Trindade, e que a plenitude de nossa liberdade está na resposta positiva que lhe damos. (DAp n. 141)

No parágrafo 261, os bispos reconhecem o valor da piedade popular. Afirmam que a pessoa de fé, que a manifesta em uma multidão, como em grandes romarias, peregrinações, procissões e mesmo em sua vida cotidiana, pode fazer sua experiência de fé e viver sua espiritualidade, que não é só simples devoção, mas é uma experiência que a ultrapassa. A pessoa que vive essa espiritualidade lança mão de todo o sinal que lhe mostre o amor de Deus para com seu povo, pode ser uma cruz ou rezar um Pai-nosso, uma Ave-Maria, rezar o terço. Esse fiel vive, intensamente, a fé verdadeira. Ainda que o objeto de devoção se apresente, a nossos olhos, distante de nossa concepção de fé, mesmo assim, a pessoa que crê chega a Deus por intermédio de Jesus Cristo, por meios tantas vezes desconhecidos a nós. Esses momentos de vivência da fé podem e devem ser completados com outros elementos teológicos, que enriquecem sua espiritualidade, contanto que se respeite a intimidade que tem com Deus e os meios de chegar a ele.

> 261. A piedade popular penetra, delicadamente, a existência pessoal de cada fiel e, ainda que se viva em uma multidão, não é uma "espiritualidade de massas". Nos diferentes momentos da luta cotidiana, muitos recorrem a algum pequeno sinal do amor de Deus: um crucifixo, um rosário, uma vela que se acende para acompanhar um filho em sua enfermidade, um Pai-nosso recitado entre lágrimas, um olhar entranhável a uma imagem querida de Maria, um sorriso dirigido ao Céu em meio a uma simples alegria. (DAp n. 261)

O elemento importante do parágrafo 262 destaca-se com bastante clareza e reconhecimento: "A piedade popular é 'imprescindível ponto de partida, para conseguir que a fé do povo amadureça e se faça mais fecunda'". Os bispos dessa Conferência descobriram os elementos teológicos da piedade popular na vivência da fé popular e na própria realidade, elementos que vêm de sua tradição de uma fé histórica.

Entre o popular e o oficial do culto mariano, irrompe sempre a fé do povo que garante a presença viva de Cristo, apontado por um marianismo que se abre ao culto dos santos e das santas, para um catolicismo que se expressa nos momentos fortes da liturgia oficial da Igreja, sobretudo no mistério da Páscoa:

> 262. É verdade que a fé que se encarnou na cultura pode ser aprofundada e penetrar cada vez mais na forma de viver de nossos povos. Mas isso só pode acontecer se valorizarmos, positivamente, o que o Espírito Santo já semeou. A piedade popular é "imprescindível ponto de partida para conseguir que a fé do povo amadureça e se faça mais fecunda". Por isso o discípulo missionário precisa ser "sensível a ela, saber perceber suas dimensões interiores e seus valores inegáveis". Quando afirmamos que é necessário evangelizá-la ou purificá-la, não queremos dizer que esteja privada de riqueza evangélica. Simplesmente, desejamos que todos os membros do povo fiel, reconhecendo o testemunho de Maria e também dos santos, procurem imitá-los cada dia mais. Assim procurarão contato direto com a Bíblia e maior participação nos sacramentos, chegarão a desfrutar da celebração dominical da Eucaristia e viverão ainda melhor o serviço do amor solidário. Por esse caminho será possível aproveitar ainda mais o rico potencial de santidade e justiça social que a mística popular encerra.

Na leitura aprofundada do parágrafo 265, podemos afirmar que o povo se identifica com o Cristo sofredor em sua vida de dores e encontra, no rosto de Maria, a ternura e o acolhimento da mãe do Senhor, reflexo do amor e da mensagem essencial do evangelho. A fé popular inclui a presença de Maria de forma bastante criativa, que reúne e une, ao mesmo tempo, as pessoas com suas súplicas e necessidades individuais, em comunhão com a Igreja.

Os momentos litúrgicos e as celebrações católicas, de todos os tempos da igreja institucional, funcionam como o selo da integralidade da vida humana e como a marca do sentido global de uma vida tecida no sofrimento, na dura luta de cada dia e também na alegria do encontro e da festa. O romeiro e a romeira que vão ao santuário mariano ou de outro nome rezam, pagam promessa, dão sua contribuição e acompanham a missa. Mas não deixam de se divertir também. Aproveitam as áreas de lazer, a praça de alimentação, tomam um picolé ou um sorvete, vão às barraquinhas que vendem artigos religiosos e outras lembranças e visitam também os museus e lugares históricos do santuário.

> 265. Nossos povos se identificam, particularmente, com o Cristo sofredor, olham-no, beijam-no ou tocam seus pés machucados, como se dissessem: Este é "o que me amou e se entregou por mim" (Gl 2,20). Muitos deles, golpeados, ignorados, despojados, não abaixam os braços. Com sua religiosidade característica se agarram no imenso amor que Deus tem por eles e que lhes recorda permanentemente sua própria dignidade. Também encontram a ternura e o amor de Deus no rosto de Maria. Nela vêm refletida a mensagem essencial do Evangelho. Nossa Mãe querida, desde o santuário de Guadalupe, faz sentir a seus filhos menores que eles estão na dobra de seu manto. Agora, desde Aparecida, convida-os a lançar as redes ao mundo, para tirar do anonimato aqueles que estão submersos no esquecimento e aproximá-los da luz da fé. Ela, reunindo os filhos, integra nossos povos ao redor de Jesus Cristo. (DAp n. 265)

A leitura do parágrafo 266 nos inspira a falar de Lucas, quando escreve para as comunidades no Livro dos Atos dos Apóstolos. Fala de Maria, que, como mulher de fé e obediência, expressa essa sua fé também no Cenáculo, com suas amigas e conhecidas, com os apóstolos. Desse modo, atualiza-se aquilo que se deu, há mais de dois mil anos, com essas mulheres e os apóstolos. Todos fizeram sua experiência do Espírito do Cristo ressuscitado, na fundação da Igreja como povo que Deus escolheu para anunciá-lo ao mundo todo.

Dentro desse quadro, o Livro dos Atos dos Apóstolos nos diz que o Ressuscitado se deu a conhecer às testemunhas que Deus havia escolhido. Nessa escolha, estão Maria e suas companheiras que seguiram Jesus durante sua vida terrena na pregação do Reino. Elas conheciam Jesus porque acreditavam nele, no que Ele pregava e nos gestos que fazia.

Maria está nesse grupo. Ainda que os evangelhos não falem diretamente desse fato, nas entrelinhas dos textos escritos pelos evangelistas, a fé e a teologia leem e interpretam que o Espírito do Ressuscitado desceu e deu força e coragem a Maria e suas companheiras, do mesmo jeito que desceu e deu coragem aos Doze que lá estavam reunidos. Sem dúvida, também unidos não só entre eles, mas igualmente com as mulheres que chegaram a conhecer Jesus e seu Reino antes de sua paixão e morte.

Agora, o Ressuscitado aparece na transparência da fé dessa comunidade constituída de mulheres e de homens, pessoas que fundam a Igreja como Povo de Deus, fazem a experiência concreta e transparente da fé no Ressuscitado, que se revela a todos e a todas que se encontram no Cenáculo.

O alcance teológico dessa fé afirma que a Igreja é fundada por homens e mulheres, indistintamente, que se identificam com o Ressuscitado. Eles e elas constituem a Igreja como mistério de Deus e de Cristo, Igreja que tem sua origem na vida trinitária divina, na pregação de Jesus e na comunidade de fé. Nessa afirmação, a teologia feita na perspectiva mariana abre-se a nossos irmãos e nossas irmãs das comunidades de fé evangélica, com quem temos mais pontos comuns que nos aproximam do que pontos que nos distanciam.

Quanto ao alcance pastoral e missionário dessa concepção de fé na Igreja, fundada por homens e mulheres que se identificam com o Ressuscitado, Maria, como mulher, colabora na continuidade de todas as mulheres que a precederam na história da salvação.

> 266. A máxima realização da existência cristã como um viver trinitário de "filhos no Filho" nos é dada na Virgem Maria que, por meio de sua fé (cf. Lc 1,45) e obediência à vontade de Deus (cf. Lc 1,38), assim como por sua constante meditação da Palavra e das ações de Jesus (cf. Lc 2,19.51), é a discípula perfeita do Senhor. Interlocutora do Pai em seu projeto de enviar seu Verbo ao mundo para a salvação humana, com sua fé, Maria chega a ser o primeiro membro da comunidade dos crentes em Cristo e também se faz colaboradora no renascimento espiritual dos discípulos. Sua figura de mulher livre e forte emerge do Evangelho conscientemente orientada para o verdadeiro seguimento de Cristo. Ela viveu, completamente, toda a peregrinação da fé como mãe de Cristo e depois dos discípulos, sem estar livre da incompreensão e da busca constante do projeto do Pai. Alcançou, dessa forma, o fato de estar ao pé da cruz em comunhão profunda, para entrar, plenamente, no mistério da Aliança. (DAp n. 266)

A força da pessoa histórica de Maria e sua função contemplativa e mística, hoje, como demonstrado no parágrafo 267, harmonizam-se na vital referência a seu filho, que é Filho de Deus. Queremos, ainda, colocar em destaque a participação de Maria no serviço que seu filho Jesus faz ao mundo. Ela é considerada serva de todos os povos da terra. Preside o serviço do povo porque pertence a esse povo de servidores e servidoras e seu modo de servir é despertar corações adormecidos para Cristo e doá-lo ao mundo. É de sua carne e de seu sangue, transformados em leite e ensinamentos, que nos faz participantes de tal ministério: o de dar Cristo à humanidade. Essa atitude de Maria lança provocações e desafios para nosso compromisso de pessoas de fé. Maria abre mão de tudo em sua vida, a começar pela encarnação com todo o seu mistério de fé e nebulosidade. Termina ao pé da cruz de seu filho, no Gólgota.

> 267. Com ela, providencialmente, unida à plenitude dos tempos (cf. Gl 4,4), chega a cumprimento a esperança dos pobres e o desejo de salvação. A Virgem de Nazaré teve uma missão única na história da salvação, concebendo, educando e acompanhando seu Filho até seu sacrifício definitivo. Do alto da cruz, Jesus Cristo confiou a seus discípulos, representados por João, o dom da maternidade de Maria, que brota, diretamente, da hora pascal de Cristo. "E desse momento em diante, o discípulo a recebeu em sua casa" (Jo 19,27). Perseverando junto aos apóstolos à espera do Espírito (cf. At 1,13-14), ela cooperou com o nascimento da Igreja missionária, imprimindo-lhe um selo mariano que a identifica, profundamente. Como mãe de tantos, fortalece os vínculos fraternos entre todos, estimula a reconciliação e o perdão e ajuda os discípulos de Jesus Cristo a se experimentarem como família, a família de Deus. Em Maria, encontramo-nos com Cristo, com o Pai e com o Espírito Santo, e da mesma forma com os irmãos. (DAP n. 267)

Os bispos em Aparecida reconheceram e proclamaram em alta voz o "patrimônio da humanidade" que é a família, parágrafo 268. Sua posição sobre a família retoma uma concepção originária tradicional de nosso catolicismo. Manifestam, claramente, sua convicção de que "a mulher é insubstituível no lar", pelos valores que passa e leva a cada membro, sem excluir sua participação ativa na sociedade. Deus mesmo escolheu uma família para enviar seu Filho, Jesus.

O comentário feito pelo teólogo Clodovis Boff, em uma entrevista dada ao IHU, em 2007, assim expressa: "A família vem definida de forma bem clara, enquanto fundada no sacramento do matrimônio entre uma mulher e um homem" (DAp 452). Mantém-se também a terminologia tradicional e pejorativa com respeito àqueles que não tiveram sucesso no primeiro casamento e buscam realizar-se em uma nova união. Fala-se em "situação irregular" de tais matrimônios, ainda que se proponha um acompanhamento cuidadoso e compassivo aos que vivem em uma semelhante situação (DAp. 456).

> 268. Como na família humana, a Igreja-família é gerada ao redor de uma mãe, que confere "alma" e ternura à convivência familiar. Maria, Mãe da Igreja, além de modelo e paradigma da humanidade, é artífice de comunhão. Um dos eventos fundamentais da Igreja é quando o "sim" brotou de Maria. Ela atrai multidões à comunhão com Jesus e sua Igreja, como experimentamos muitas vezes nos santuários marianos. Por isso, como a Virgem Maria, a Igreja é mãe. Esta visão mariana da Igreja é o melhor remédio para uma Igreja, meramente, funcional ou burocrática.

No parágrafo 269, destaca-se o evento de Guadalupe, em que Maria presidiu, junto com o humilde Juan Diego, o Pentecostes, que nos abriu aos dons do Espírito Santo. No extenso Continente Sul e Caribe, pode-se constatar como Maria nos impulsionou a ter consciência da presença atuante do Espírito em todos os nossos povos, sobretudo a partir do Vaticano II, como já vimos na Conferência de Medellín. A descida do divino no humano é a palavra-chave desse parágrafo.

Diante desse evento do divino, que desce para morar no humano, não podemos deixar de levar em conta a contribuição das mulheres com seu ardor missionário, com que a Igreja toda conta, como constatamos em nossos dias. Elas dedicam-se à evangelização como continuadoras da vida do Espírito, como foi Maria. Por tudo isso, Maria é a continuadora da missão de seu filho e mestra em formar pessoas para a missão.

> 269. Maria é a grande missionária, continuadora da missão de seu Filho e formadora de missionários. Ela, da mesma forma como deu à luz o Salvador do mundo, trouxe o Evangelho à nossa América. No acontecimento em Guadalupe, presidiu, junto com o humilde João Diego, o Pentecostes que nos abriu aos dons do Espírito. A partir desse momento, são incontáveis as comunidades que encontraram nela a inspiração mais próxima para aprenderem como ser discípulos e missionários de Jesus. Com alegria constatamos que ela tem feito parte do caminhar de cada um de nossos povos, entrando profundamente no tecido de sua história e acolhendo as ações mais nobres e significativas de sua gente. Os diversos títulos e os

> santuários espalhados por todo o Continente testemunham a presença próxima de Maria às pessoas e, ao mesmo tempo, manifestam a fé e a confiança que os devotos sentem por ela. Ela pertence a eles, e eles a sentem como mãe e irmã. (DAp n. 269)

Esta é "a hora de Maria", parágrafo 270, em que os teólogos e teólogas assessores retomam a expressão usada em Puebla (DPb n. 303). Pode-se sintetizar a reflexão desse parágrafo com as palavras de Bento XVI, que nos propõe: "Permaneçam na escola de Maria. Inspirem-se em seus ensinamentos. Procurem acolher e guardar dentro do coração as luzes que ela, por mandato divino, envia a vocês a partir do alto". Maria soube imergir na fonte dessa graça da missão para se tornar uma escola para todos e todas.

> 270. Hoje, quando em nosso continente latino-americano e caribenho quer enfatizar o discipulado e a missão, é ela quem brilha diante de nossos olhos como imagem acabada e fidelíssima do seguimento de Cristo. Esta é a hora da seguidora radical de Cristo, de seu magistério discipular e missionário ao qual nos envia o papa Bento XVI: "Maria Santíssima, a Virgem pura e sem mancha, é para nós escola de fé destinada a nos conduzir e a nos fortalecer no caminho que conduz ao encontro com o Criador do céu e da terra. O Papa veio a Aparecida com viva alegria para nos dizer em primeiro lugar: "Permaneçam na escola de Maria. Inspirem-se em seus ensinamentos. Procurem acolher e guardar dentro do coração as luzes que ela, por mandato divino, envia a vocês a partir do alto". (Bento XVI, Discurso no final do Santo Rosário no Santuário de Nossa Senhora Aparecida, 12 de maio de 2007) (DAp n. 270)

O parágrafo 271 encontra-se no capítulo VI do documento em estudo, que fala da formação do discipulado missionário em que se desenvolve a espiritualidade trinitária do encontro com Jesus Cristo, para estabelecer o fundamento desse mistério. Trata-se de uma nova Criação em que o amor da Trindade santa renova a vida das criaturas (DAp n. 240 e 241).

Nessa espiritualidade, Maria nos é apresentada como mestra da escuta da Palavra de Deus: "Guardava tudo no coração" (Lc 2,19 e 2,51). Destaca-se o episódio do encontro de Jesus no templo discutindo com os doutores da lei. Desse episódio sobressai a presença da Palavra de Deus, encarnada no Filho de Deus. Esta leva Maria a meditar sobre todas as coisas que Jesus realiza e o expressa no Magnificat, que é a alma da mãe do Senhor.

Esse cântico é o preferido por nossos povos. Com ele se identificam pela exuberante mística que os invade e motiva à prática pastoral. Não só, também dá forma às palavras anunciadas, com tanta convicção, pela Serva do Senhor. O ensino da mariologia, hoje, é proposto e realizado com o objetivo de completar a formação intelectual e espiritual de todas as pessoas que estudam as ciências da fé.

Necessário se faz, portanto, conceder-lhe o devido lugar nos centros de formação presbiteral, religiosa e para o laicato, em suas distintas expressões de fé. Tal formação constitui um "tratado sistemático", que deverá se apresentar de forma:

a) *orgânica*, isto é, inserida, adequadamente, no plano de estudos do currículo teológico;

b) *completa*, de maneira que a pessoa da Virgem seja considerada em toda a história da salvação, isto é, em sua relação com Deus, com Cristo, o Verbo encarnado, salvador e mediador; com o Espírito Santo, santificador e doador de vida; com a Igreja, sacramento de salvação; com as pessoas, levando em conta suas origens e seu progresso na vida da graça e seu destino de glória;

c) uma formação *correspondente* aos vários tipos de instituição e para todas as pessoas que desejarem aprofundar a mariologia e conhecer a História da Salvação e da fé cristã.

> 271. Ela, que "conservava todas estas recordações e as meditava no coração" (Lc 2,19; cf. 2,51), ensina-nos o primado da escuta da Palavra na vida do discípulo e missionário. O Magnificat "está, inteiramente, tecido pelos fios da Sagrada Escritura, os fios tomados da Palavra de Deus. Assim, revela-se que nela a Palavra de Deus se encontra de verdade em sua casa, de onde sai e entra com naturalidade. Ela fala e pensa com a Palavra de Deus; a Palavra de Deus se faz sua palavra, e sua palavra nasce da Palavra de Deus. Além disso, assim se revela que seus pensamentos estão em sintonia com os pensamentos de Deus, que seu querer é um querer junto com Deus. Estando, intimamente, penetrada pela Palavra de Deus, Ela pode chegar a ser mãe da Palavra encarnada". Essa familiaridade com o mistério de Jesus é facilitada pela reza do Rosário, em que: "o povo cristão aprende de Maria a contemplar a beleza do rosto de Cristo e a experimentar a profundidade de seu amor. Mediante o Rosário, o cristão obtém abundantes graças, como recebendo-as das próprias mãos da mãe do Redentor". (DAp n. 271)

Em tal contexto, o parágrafo 272 afirma que Maria é nomeada membro da Igreja e mãe dos filhos e das filhas da Igreja, para a cátedra da maternidade continuada em todas as mulheres e para a cátedra da partilha nos sofrimentos de cada povo. Atribui-se a ela, nesse ponto, o claro aspecto da Igreja em saída de suas sacristias e de seus seculares modos de fazer uma evangelização que não deixa o povo crescer, segundo a vocação recebida no batismo.

A Igreja em saída para nossas periferias leva-a a se desinstalar de seu estilo de evangelizar para realizar uma nova prática que saia de seu modo conservador e acomodado. Essa frase nos impulsiona a reconhecer em Maria de Nazaré sua vocação – foi uma mulher que provocou não só um método evangelizador, mas vários modos vistos de mais um ângulo, como fala o papa Francisco na *Evangelii Gaudium*.

O exemplo de Maria, em Caná da Galileia, nos "ajuda a manter vivas as atitudes de atenção, de serviço, de entrega e de gratuidade", que devem caracterizar nosso discipulado.

Como todos e todas somos pobres diante dessa proposta, essas atitudes se tornam a pedagogia da mãe de Deus para que nos sintamos como se estivéssemos em casa. A forte presença de Maria nas comunidades em que é cultuada e invocada enriquece a dimensão materna da Igreja como povo e como espaço institucional.

A atitude acolhedora de mãe constitui Maria a casa de vivência da graça salvadora, em escola de comunhão aberta ao mundo e a toda a humanidade. Maria não deixa que a Igreja povo se sinta órfão de mãe e de casa para morar. Quer que todos os seus filhos e todas as suas filhas, debaixo do mesmo teto em que vivem e expressam sua fé, estejam atentos para onde ela aponta, com a finalidade de preparar o discipulado para a missão *ad intra e ad extra.*

> 272. Com os olhos postos em seus filhos e em suas necessidades, como em Caná da Galileia, Maria ajuda a manter vivas as atitudes de atenção, de serviço, de entrega e de gratuidade que devem distinguir os discípulos de seu Filho. Indica, além do mais, qual é a pedagogia para que os pobres, em cada comunidade cristã, "sintam-se como em casa". Cria comunhão e educa para um estilo de vida compartilhada e solidária, em fraternidade, na atenção e acolhida do outro, especialmente se é pobre ou necessitado. Em nossas comunidades, sua forte presença tem enriquecido e continuará enriquecendo a dimensão materna da Igreja e sua atitude acolhedora, que a converte em "casa, em escola da comunhão" e em espaço espiritual que prepara para a missão. (DAp n. 272)

O parágrafo 364, com o qual nos deparamos agora, encontra-se no capítulo VII, dedicado à missão dos discípulos e das discípulas a serviço da vida plena. Pode-se fazer desse parágrafo uma invocação ao Senhor e à Virgem Santíssima apenas trocando o tempo dos verbos. Esse texto é muito espiritual como os outros, e nada temos a acrescentar sobre a orientação pastoral mariana a ser considerada:

> Fixemos o olhar em Maria e reconheçamos nela uma imagem perfeita da discípula missionária. Ela nos exorta a fazer o que Jesus nos diz (cf. Jo 2,5) para que Ele possa derramar sua vida na América Latina e no Caribe. Junto com ela queremos estar atentos e atentas, uma vez mais, à escuta do Mestre e, ao redor dela, voltarmos a receber, com estremecimento, o mandato missionário de seu Filho: "Vão e façam, discípulos de todos os povos" (Mt 28,19). Escutemos Jesus como comunidade de discípulos e discípulas missionários, que experimentaram o encontro vivo com Ele, e queremos compartilhar com os demais essa alegria incomparável todos os dias. (DAp 364)

O parágrafo 431 se detém em levantar algumas questões que alcançaram particular relevância nos últimos tempos. Dentre essas questões, detemo-nos na dignidade das mulheres, sua participação na missão da Igreja e na força de Maria como discípula entre os discípulos e ao redor dela, no fato de sermos mulheres capazes de assumir a missão eclesial, como nos pede o Magnificat proclamado por ela.

Na descoberta de Maria discípula, a mulher de hoje costura os pedaços de vida sacrificada da humanidade inteira para resgatar o retorno da verdadeira e central Santa Maria de Nazaré, que traz consigo a misericórdia de nosso Deus, a ternura de suas entranhas divinas e a leveza de seu sopro perfumado de Espírito.

Muitas das catedrais dedicadas a Nossa Senhora são construídas em cima das fontes de água onde, antigamente, veneravam o feminino escondido na alma humana. A reflexão teológica feita na ótica da mulher cristã e católica em diálogo deve reconhecer que o feminino faz a experiência da plenitude, porque ele tem a propriedade de conter e de ser contido. Maria contém o Espírito e é contida por ele.

Esse e muitos outros fundamentos antropológicos fazem de cada mulher e de muitas mulheres pessoas que se doam até o martírio e nada reivindicam que não seja da natureza da própria vocação interior, originária do Senhor. Sentem-se chamadas por esse Senhor para a missão do Reino, pois são ministras da vida e da natureza humana. Por natureza divina, a mulher tem a vocação por iniciativa de Deus e a ela responde positivamente. Em nome dessa vocação, a mulher é convocada e enviada para anunciar o Reino, a partir do seguimento a Jesus Cristo, que doa, constantemente, seu Espírito na trilha do caminho certo.

> 451. A antropologia cristã ressalta a igual identidade entre homem e mulher em razão de terem sido criados a imagem e semelhança de Deus. O mistério da Trindade nos convida a viver uma comunidade de iguais na diferença. Em uma época marcada pelo machismo, a prática de Jesus foi decisiva para significar a dignidade da mulher e de seu valor indiscutível: falou com elas (cf. Jo 4,27), teve singular misericórdia com as pecadoras (cf. Lc 7,36-50; Jo 8,11), curou-as (cf. Mc 5,25-34), reivindicou sua dignidade (cf. Jo 8,1-11), escolheu-as como primeiras testemunhas de sua ressurreição (cf. Mt 28,9-10) e incorporou-as ao grupo de pessoas que lhe eram mais próximas (cf. Lc 8,1-3). A figura de Maria, discípula por excelência entre discípulos, é fundamental na recuperação da identidade da mulher e de seu valor na Igreja. O canto do Magnificat mostra Maria como mulher capaz de se comprometer com sua realidade e de ter uma voz profética diante dela.

Com esse Documento de Aparecida, entendemos ter chegado ao fim de uma leitura reflexiva, acrescentada e interpretada para nossos dias, dos parágrafos de cada documento do CELAM que falam de Nossa Senhora. Pudemos constatar o quanto Maria está presente na elaboração de cada parágrafo, ao longo de todas as propostas apresentadas por escrito, discutidas e depois votadas para publicação.

Conclusão

Chegado ao fim destes comentários, destas interpretações, destes acréscimos e destas sugestões pastorais, dos documentos aqui apresentados, exporemos, sucintamente, o que foi mais importante de cada um deles no que diz respeito a Maria de Nazaré, a mãe de Deus, suplicada e digna de culto, desde a colonização até nossos dias pelo povo brasileiro e pela Igreja católica.

O Concílio Ecumênico Vaticano II, pela primeira vez na história da Igreja, dedicou a Maria um capítulo inteiro da Constituição da Igreja, a *Lumen Gentium*. Dedicou o capítulo VIII dessa Constituição, colocando-o como coroamento da caminhada do povo peregrino, que se direciona, na fé, na esperança e no amor, à Casa do Pai, que vive em seu mistério. O destaque dado à mãe de Jesus é o de uma mulher histórica, que vem da linhagem das grandes mães e das matriarcas do Antigo Testamento, que trouxe a "plenitude dos tempos", colaborando com a história da salvação, e que, como mãe do Cristo da fé, continua caminhando com seu povo aqui na terra.

Cerca de dez anos após, foi publicada a Exortação Apostólica de Paulo VI para a ordenação e o desenvolvimento desse culto, obra capital de literatura que revela o espírito humano desse pontífice. É um texto visceral, porque fala da experiência de fé que o Papa testemunha e comunica aos fiéis, em sua originalidade. Essa originalidade perpassa todos os povos que manifestam à mãe do Senhor sua verdadeira piedade e seu culto de amor sincero.

Esses documentos foram escolha nossa, porque são os que falam, diretamente, de Maria e seu culto, ainda válido para os dias de hoje. Passaremos a colocar em destaque o que foi mais importante no estudo e no aprofundamento dos documentos do CELAM, o Conselho Episcopal da América Latina e Caribenha.

A primeira Conferência foi celebrada na cidade do Rio de Janeiro, em 1955, por ocasião do XXXVI Congresso Eucarístico Internacional. Foi, também, a primeira vez que os bispos da América do Sul tiveram a possibilidade de se encontrarem e fazerem a experiência de estarem juntos e trocarem ideias como pastores. Foi nessa ocasião que lançaram as primeiras ideias da criação de um Conselho Latino-Americano e hoje também caribenho, o CELAM, que atua em nossos dias. Os objetivos principais dessa Conferência foram estes dois: o encontro dos bispos da América do Sul e o lançamento da ideia da criação do CELAM.

Na Conferência de Medellín, na Colômbia, em 1968, Maria é citada e invocada em alguns momentos da agenda da Conferência, que se dá em um contexto de Ditadura Militar no Brasil e em vários outros países da América do Sul. Nessa situação, Maria é suplicada como a mãe e companheira dos povos do Continente, desde sua primeira evangelização. E em uma outra vez, quando os bispos todos, em sua mensagem aos povos latinos, colocam sob a proteção de Maria, e padroeira das Américas, todo o trabalho da Conferência, com suas decisões tomadas na esperança e no vigor da fé, a fim de que se antecipasse, entre nós, o Reino de Deus. Faz, por primeiro, a opção preferencial pelos pobres, pela justiça e pelos Direitos Humanos.

Na Conferência de Puebla, insere-se o esboço para uma teologia mariana, dentro da única e grande teologia, da devoção e do culto oficial. Grande parte dos 22 parágrafos que falam da piedade popular mariana concentram nela a fidelidade do povo à fé da Igreja. Esse se manteve fiel à Igreja como a Casa da mãe, de modo especial, com as capelinhas de Nossa Senhora que andavam de mão e mão e entravam nas casas, onde todos faziam suas devoções, rezavam o terço, cantavam os louvores à Virgem, com cantilenas das repetidas ladainhas. A Virgem Santa integra os fatos e os feitos dessas longas rezas e súplicas feitas à Senhora dos muitos nomes.

Um destaque que merece nossa atenção é o sentido dado ao Cântico do Magnificat como "prelúdio do Sermão da Montanha". A boa teologia pé no chão da assessoria escuta nossos povos, e os pastores os amam e fazem uma significativa referência ao discurso das "Bem-aventuranças" de Lucas, em seu capítulo 6,20-26. Na primeira parte, Jesus proclama a recompensa das pessoas bem-aventuradas, como os pobres, os famintos, os que choram... E, na segunda parte do discurso, denuncia as pessoas com seu "Ai de vós ricos... Ai de vós que agora estão saciados...", cuja leitura nos mostra as fortes ressonâncias que esse discurso de Jesus tem com o Magnificat, apresentado como "espelho da alma de Maria".

O serviço por excelência prestado por Maria como a serva do Senhor é ter despertado a fé dos discípulos nas Bodas de Caná e anunciar o Evangelho com suas palavras quando visita Isabel. Não sem sentido foi ter acompanhado, de perto, seu filho em todas as etapas de sua vida em Nazaré, na vida pública, pregando o Reino de Deus ao povo, como constatamos nas narrativas dos evangelistas, e ficar de pé, junto à cruz, para participar da morte de seu filho.

A Conferência de Santo Domingo é realizada no transfundo da celebração dos 500 anos de evangelização da América do Sul e do Caribe. As citações feitas a Maria continuam carregadas de uma teologia espiritual, que vê nela a chegada do Reino de Deus para todas as classes sociais do Continente – invocada como mãe educadora do nascente povo e selo distintivo da cultura continental.

Na última Conferência, a de Aparecida, pode-se afirmar que, como Documento, todo ele é muito espiritual, não menos as citações feitas a Maria, que, pela primeira vez, é incluída no grupo dos missionários e missionárias evangelizadores como mãe, discípula e mestra de vida espiritual. Como discípula, é incluída na formação do discipulado do Senhor, enquanto educadora e mestra da evangelização, como evangelizada e evangelizadora da humanidade.

O atual Documento confirma os elementos teológicos apontados na *Lumen Gentium* e em Puebla. Relacionamos alguns deles: a Virgem de Nazaré educa e acompanha seu filho até seu sacrifício definitivo; imprimi um selo mariano, que identifica a Igreja como encontro com Cristo, com o Pai e com o Espírito Santo, que une toda a humanidade em uma só família; no acontecimento de Guadalupe, preside o Pentecostes da evangelização no Continente, junto com o humilde Juan Diego; finalmente, proclama, com palavras corajosas, seu Magnificat, para nos impulsionar a fazer nossa opção pelas pessoas empobrecidas e marginalizadas.

Por fim, o Documento afirma que a piedade popular, dedicada a Maria, aos santos e às santas é o lugar a partir do qual se pode fazer teologia. Assim está afirmado: "É verdade que a fé que se encarnou na cultura pode ser aprofundada e penetrar cada vez mais na forma de viver de nossos povos. Mas isso só pode acontecer se valorizarmos, positivamente, o que o Espírito Santo já semeou. A piedade popular é 'imprescindível' ponto de partida para conseguir que a fé do povo amadureça e se faça mais fecunda. Por isso o discipulado missionário precisa ser 'sensível' a ela, saber perceber suas dimensões interiores e seus valores inegáveis" (DAp n. 262).

Para maior compreensão, queremos ainda dizer que a piedade popular mariana não é privada de riqueza evangélica, todos e todas nós queremos que o povo, ao reconhecer o testemunho de

Maria, procure imitá-la e suplicá-la nesse sentido. As pessoas devotas procurarão o contato com a Bíblia, participarão dos sacramentos, da eucaristia e viverão melhor o serviço gratuito e solidário. Esse é um caminho possível para aproveitar o rico potencial de santidade e justiça social que a mística popular tem.

Queremos ainda esclarecer o quanto Maria está presente na elaboração de cada documento, de cada parágrafo e também de cada discurso feito em Assembleia. Com maior clareza, ainda, ao longo de todas as propostas apresentadas por escrito, discutidas e depois votadas, por todos, para publicação.

Referências

AA.VV. *Imaculada, Maria do Povo, Maria de Deus*. Petrópolis: Vozes, 2004.

AA.VV. Maria nas Igrejas. Perspectivas de uma mariologia ecumênica. *Concilium*, n. 188, junho 1993 (número monográfico).

AA.VV. *L'Ora di lettura commentata daí Padri della Chiesa*. Bologna: Dehoniane, 1986.

ALLIOTA, M. *Memorie conciliare*: Le scelte del Vaticano II. Troina: Grafiser; S. Paolo: Studio Teológico Catania, 2014, p. 205.

BENTO XVI. *Verbum Domini*. Exortação Apostólica pós-sinodal. São Paulo: Paulinas, 2010.

BERTETTO, Domenico. La Beata Maria Vergine Madre di Dio nel mistero di Cristo e della Chiesa. In: FAVALE, A. et al. *La Costituzione dogmatica sulla chiesa*. 4.ed. Torino: Elle di ci, 1967.

BOFF, Clodovis. *O Evangelho de Santo Domingo*. Os dez temas-eixo do Documento da IV CELAM. Petrópolis: Vozes, 1994.

BOFF, Leonardo. *O despertar da águia*. O diabólico e o simbólico na construção da realidade. Petrópolis: Vozes, 1998.

BOFF, Leonardo. *Mestre Eckhart. A mística de ser e de não ter*. Petrópolis: Vozes, 1983.

BOFF, Lina. A misericórdia divina em Maria de Nazaré. *Convergência*, n. 276, p. 502-506, outubro de 1994.

BORNKAM, G. Misterion: Il mistero di Cristo. In: KITEL, G.; FRIEDRICH, G. *Grande Lessico del Nuovo Testamento*. v.VII. Brescia: Paidea, 1971.

BREUNING, W. Mistero di Dio. In: BEINERT, W. (ed). *Lessico*

di Teologia Sistematica. Brescia: Queriniana, 1990.
CANTALAMESSA, R. *Maria, um espelho para a Igreja*. Aparecida: Santuário, 1992.
CASALE, U. La formula dogmatica di Pio IX e gli sviluppi teologici contemporanei. In: DE FIORES, S.; VIDAU, E. (eds.) *Maria santa e immacolata segno dell'amore salvifico di Dio Trinità*. Roma: Edizione Monfortane, 2000.
CELAM. *Conclusões de Medellín*. Petrópolis: Vozes, 1970.
CELAM. *Conclusões da Conferência de Puebla*. Evangelização no futuro e no presente da América Latina. São Paulo: Loyola, 1979. (DPb)
CELAM. *Santo Domingo, Conclusões*. São Paulo: Loyola, 1992. (DSD)
CELAM. *Documento de Aparecida*. Brasília: CNBB; São Paulo: Paulus/ Paulinas.
COLLANTES, J.; RODRIGUES, P. (org.). *A Fé Católica*. Documentos do magistério da Igreja das origens aos nossos dias. Rio de Janeiro: Lumen Christi; Anápolis: Diocese de Anápolis, 2003.
CONGREGAÇÃO PARA A EDUCAÇÃO CATÓLICA. A Virgem Maria na formação intelectual e espiritual. Disponível em: https://www.vatican.va/roman_curia/congregations/ccatheduc/documents/rc_con_ccatheduc_doc_19880325_vergine-maria_po.html Acesso em: 12 set 2021.
COURTH, F. Esenzione dal peccato originale/Concezione immacolata di Maria. In: BEINERT, W. (ed). *Lessico di Teologia Sistematica*. Brescia: Queriniana, 1990.
DE FIORES, S.; VIDAU, E. (eds.) *Maria santa e immacolata segno dell'amore salvifico di Dio Trinità*. Roma: Edizione Monfortane, 2000.
DOCUMENTO do Congresso Internacional da Pontifícia

Academia Mariológica Internacional (PAMI) *Madre del Signore,* 2004.
DURRWEL, F. X. *Cristo nostra Pasqua*. Paris: Nouvelle Cité, 2001.
FAVALE, A. Genesi della Costituzione. FAVALE, A. et al. *La Costituzione dogmatica sulla chiesa*. 4.ed. Torino: Elle di ci, 1967.
FORTE, B. *Maria, a mulher ícone do mistério*. Ensaio de mariologia simbólico-narrativa. São Paulo: Paulinas, 1991.
GONZÁLEZ, C. I. *Mariologia*. Maria, Madre e Discepola. Casale Monferrato: Piemme, 1988.
GROSSO, G. *Com Maria Figlia di Sion*. Padova: Messaggero, 2006.
JOÃO PAULO II. *Discurso de João Paulo II em Zapopán*. São Paulo: Loyola, 1979.
JOHNSON, Elizabeth A. *Aquela que é*. O mistério de Deus no trabalho teológico feminino. Petrópolis: Vozes, 1995.
MARTÍN, T. L. La "inclusión" antropológica de los dogmas marianos. Uma mirada dentro de nuestro entorno teológico. *Proyección teologia y mundo actual*, ano XLIX, n. 207, p. 311-322, Octubre-Diciembre 2002.
MIDALI, M. *Il mistero della Chiesa*. Roma: Edizioni Paoline, 1985.
MORALEJO, G. C. *Morte e assunzione di Maria*. L'Assunzione di Maria, Madre di Dio. Significato storico-salvífico a 50 anni della definizione dogmática. Cittá Del Vaticano: Pontifica Academia Mariana Internationalis (PAMI), 2001.
MORI, E. G. Filha de Sião. In: FIORES, S.; MEO, S. (orgs.). *Dicionário de Mariologia*, São Paulo: Paulus, 1995.
MORI, E. G. Incidência sobre a mariologia, o ecumenismo e a pastoral. In: FIORES, S.; MEO, S. (orgs.). *Dicionário de Mariologia*, São Paulo: Paulus, 1995.

PAULO VI. *Exortação apostólica sobre o culto à bem-aventurada Virgem Maria*. São Paulo: Paulinas, 1974.
PAULO VI. *Exortação Apostólica "Evangelii Nuntiandi"*. Sobre a evangelização no mundo contemporâneo. São Paulo: Paulinas, 2001.
S. LEÃO MAGNO. Sermo 21, c. 1; PL 54, 191. In: BERARDINO, A. Di. *Dicionário Patrístico e de Antiguidades Cristãs*. Petrópolis: Vozes; São Paulo: Paulus, 2002.
SCHREIBER, B. Il mistero. In: ANCILLI, E.; PAPAROZZI, M. *La Mistica*. Fenomenologia e riflessione teologica. Roma: Cittá Nuova Editrice, 1984.
SERRA, A. Assunta. Fondamenti biblici. *Nuovo Dizionario di Mariologia*. Roma: Paoline, 2001.
SERRA, A. Immacolata. Fondamenti biblici. *Nuovo Dizionario di Mariologia*. Roma: Paoline, 2001.
VALENTINI, Alberto. *Il Magnificat*: Genere letterario. Struttura. Esegesi. Bologna: Dehoniane, 1987.
VATICANO II. *Constituição dogmática "Lumen Gentium"*: capítulo VIII. Petrópolis: Vozes, 1999.

Obras consultadas:

AIELLO, A . G. Dogmas. In: FIORES, S.; MEO, S. (orgs.). *Dicionário de Mariologia,* São Paulo: Paulus, 1995. p. 412-413.
AUTRAN, A. *A humilde Virgem Maria. São Paulo: Loyola, 1982.*
BINGEMER, M. C. L.; GEBARA, I. *Maria, Mãe de Deus e Mãe dos Pobres*. Um ensaio a partir da mulher e da América Latina. Petrópolis: Vozes, 1987.
BOFF, Clodovis. Visão social da figura de Maria – Uma síntese. *REB*, n. 250, abril 2003.

BOFF, Clodovis. *Maria na cultura brasileira*. Petrópolis: Vozes, 1995.
BOFF, Clodovis. *O cotidiano de Maria de Nazaré*. São Paulo: Ave-Maria, 2003.
BOFF, Clodovis. *Mariologia Social*. O significado da Virgem para a sociedade de hoje. São Paulo: Paulus, 2006.
BOFF, Leonardo. *A Ave-Maria*. O feminino e o Espírito Santo. Petrópolis: Vozes, 2002.
BOFF, Leonardo. *O rosto feminino de Deus*. A Maria da história e a Maria da fé. Ensaios de antropologia teológica. Petrópolis: Vozes, 2003.
BOFF, Leonardo. *O rosto materno de Deus*. Ensaio interdisciplinar e suas formas religiosas. Petrópolis: Vozes, 1996.
BOFF, Leonardo. *O Pai-nosso*. A oração da libertação integral. Petrópolis: Vozes, 1979.
BOFF, Lina. *Maria na vida do povo*. Ensaios de mariologia na ótica latino-americana e caribenha. São Paulo: Paulus, 2001.
BOFF, Lina. *Maria e o Feminino de Deus*. Para uma espiritualidade Mariana. São Paulo: Paulus, 2002.
BOFF, Lina. *Mariologia*. Interpelações para a vida e para a fé, Petrópolis: Vozes, 2007.
BOFF, Lina. O advento litúrgico e a pessoa de Maria. In: BOFF, Lina. *Maria na vida do povo*. Ensaios de mariologia na ótica latino-americana e caribenha. São Paulo: Paulus, 2001.
BOFF, Lina; BUCKER, B.; AVELAR, M. C. *Maria e a Trindade*: implicações pastorais, pedagogia da fé, vivência da espiritualidade. São Paulo, Paulus, 2003.
BOFF, Lina. Maria, a Mulher inserida no mistério de Cristo. *Atualidade Teológica*, n. 3, p. 25-40, julho-dezembro 1998.
BUCKER, B. *O feminino da igreja e o conflito*. Petrópolis: Vozes, 1996.

CALERO, Antonio M. *La Vergine Maria nel mistero di Cristo e della Chiesa.* Saggio di Mariologia. Torino: Editrice Elle Di Ci, 1995.

CNBB. CELAM. *Rumo à V Conferência do Episcopado da América Latina e do Caribe.* São Paulo: Paulus, 2005.

DORADO, A. G. *Mariologia popular latino-americana.* São Paulo: Loyola, 1992.

FIORES, S. de. *Maria nella teologia contemporanea.* Roma: Centro di Cultura Mariana Madre della Chiesa, 1991.

FLORES, D. *La Virgen Maria al pie de la Cruz* – (Jn 19,25-27) en Ruperto de Deutz. Roma: Centro di Cultura Mariana, 1993.

FORTE, B. *O culto à Virgem Maria.* Petrópolis: Vozes, 1974.

GALILEA, S. *O caminho da espiritualidade.* S. Paulo: Paulinas, 1983.

GALILEA, S. *A mensagem de Puebla.* S. Paulo: Paulinas, 1979.

JOÃO PAULO II. *Redemptoris Mater.* Carta encíclica. São Paulo: Paulinas, 1998.

JOÃO PAULO II. *Carta Apostólica "Rosarium Virginis Mariae"* (sobre o Rosário). São Paulo: Paulinas, 2002.

LAURENTIN, R. *Breve Tratado de Teologia Mariana.* Petrópolis: Vozes, 1965.

MEO, S. Mãe de Deus. In: FIORES, S.; MEO, S. (orgs.). *Dicionário de Mariologia.* São Paulo: Paulus, 1995. p. 780-790.

MOIOLI, G. *Il mistero di Maria.* Milano: Glossa, 1990.

MULLER, A.; SATTLER, D. Progenitora de Deus (theotokos). In: SCHNEIDER, T. (org.). *Manual de Dogmática.* V. II. Petrópolis: Vozes, 2001, p.162-167.

NAVONI, M. *Il mistero di Cristo e di Maria.* Milano: NED (Nuove Edizioni Duomo), 1997.

NEVES, A. Maria no Evangelho. *Revista Continente Editorial*, 1983.

PÉREZ, L. L. S. *Maravilhas de uma singela devoção*. São Paulo: Ave-Maria, 1995.
PERRELLA, S. Maria di Nazareth nel mistero di Cristo e della Chiesa trai il Vaticano II e la Tertio Millennio Adveniente (1959-1998). *Marianum*, Roma, n. 60, 1998.
PERRELLA, S. Maria nel Capitolo VIII della Lumen gentium. Elementi per uma analisi dottrinale. *Marianum*, Roma, 1975.
POTTERIE, I. de. La. *Maria nel mistero dell'alleanza*. Genova: Marietti, 1992.
SARTOR, D. Assunção. FIORES, de S.; MEO, S. (dirig.). *Dicionário de Mariologia*. São Paulo: Paulus, 1995. p. 170-190.
SERRA, A. *E c'era la madre di Gesù...* saggi di esegesi bíblico-mariana (1978-1988). Roma: Edizioni Cens-Marianum, 1989.
SERRA, A. *Maria Cana e presso la Croce*. Saggio di mariologia giovanea (Gv 2,12 e Gv 19,25-27). 3.ed. Roma: Centro di cultura mariana Madre della Chiesa, 1978.
SÖL, G. *Storia dei dogmi Mariani*. Roma: Libreria Ateneo Salesiano, 1981.

ÍNDICE

Prefácio 5

Apresentação da autora 9

1. Maria no magistério eclesial da Lumen Gentium (1965) 11

Houve um momento histórico 11

Com Maria chega a plenitude dos tempos 13

Maria inserida no mistério de Cristo 15

Maria no mistério da Igreja 18

A intenção do Concílio 21

Maria na história da salvação 23

Maria na encarnação 27

Momento histórico da Imaculada 28

Maria na vida pública de seu filho 38

Maria participa da mediação de seu filho 44

O espírito da pregação e do culto 47

Sinal de esperança e de consolação 48

Medianeira para a unidade 50

Concluindo este Documento 51

2. Exortação Apostólica Marialis Cultus (1974) 53
Introdução 53
O culto da Virgem na liturgia 54
A Virgem no exercício do culto 61
Para uma piedade mariana renovada 67
Algumas orientações 69
Notas fundamentais da piedade mariana 74
Conclusão 75

3. Maria na Conferência do Rio de Janeiro (1955) 77

4. Maria na Conferência de Medellín (1968) 79
Breve contexto sociopolítico 79
A palavra do presidente do CELAM 81
A Conferência de Medellín propriamente dita 83

5. Maria na Conferência de Puebla (1979) 87
Introdução 87
Contexto da Primeira Parte 88
Contexto da Segunda Parte 89
Contexto da Terceira Parte 91
Contexto da Quarta Parte 92
Contexto da Quinta Parte 93

A devoção e o culto a Maria em Puebla 94

Maria mãe e modelo 95

Maria mãe da Igreja 100

A virgindade como modelo de ser Igreja 106

Isenta de pecado 112

O serviço eclesial mariano 114

6. Maria na Conferência de Santo Domingo (1992) 119

7. Maria na Conferência de Aparecida (2007) 125

Conclusão 141

Referências 147

Este livro foi composto com as famílias tipográficas Garamond, Georgia e Gimlet e impresso em papel Book Ivory 65g pela **Gráfica Santuário**.